AF642034

ORDNUNG NEBENBEI

Aussortieren, aufräumen, aufatmen

GUNDA BORGEEST

Stiftung Warentest

SO FUNKTIONIERT DAS BUCH

Ordnung ist etwas Individuelles: Was für den einen richtig ist, kann für den anderen völlig unpassend sein. Mit diesem Buch möchte ich Sie ermutigen, Ihre eigene Ordnung zu finden und Sie anschließend auf dem Weg dorthin begleiten. Sie müssen nicht alles befolgen, was in diesem Buch steht. Am besten suchen sich die Tipps und Ratschläge aus, die Sie beim Lesen ansprechen und auf deren Umsetzung Sie Lust haben.

Das Chaos und seine Ursachen

Sind Sie jemand, dem das Aussortieren und Neuordnen schwerfällt? Dann sollten Sie sich auf die Suche nach den Gründen machen. Wo liegen Ihre Blockaden? Wie könnten diese entstanden sein? Um Ihnen den Zugang zu erleichtern, stelle ich Ihnen zu Beginn fünf „Chaos-Typen“ mit ihren typischen Denk- und Handlungsweisen vor und beschreibe mögliche Gründe für innere Widerstände. In welchem Typ finden Sie sich wieder? Vielleicht hat Ihre Unordnung nicht nur einen, sondern mehrere Gründe? In jedem Fall ist gründliche Selbstreflexion entscheidend für den nachhaltigen Erfolg.

Alle Zimmer auf einmal ausmisten? Jedes Souvenir aufheben? **BESSER NICHT!** Was Unordnung stiftet und unnötig stresst, finden Sie auf der linken Seite.

Ziel: Ihre „Schönste Ordnung“

Ein weiterer wichtiger Aspekt: In diesem Buch geht es nicht um die eine Ordnung, die für jeden passt – das Ziel ist Ihre individuelle „Schönste Ordnung“. Folgen Sie künftig nicht mehr beliebigen Aufräum- und Einrichtungstrends, sondern bringen Sie Ihren persönlichen Geschmack zur Geltung. Ich zeige Ihnen, wie Sie Ihren Lebensraum so gestalten können, dass er Ihnen gefällt und Sie sich in Ihrem Zuhause wohlfühlen.

Oft Erprobtes auf einen Blick

Optimal für den schnellen Überblick sind die groß bebilderten Seitenpaare, die Sie in allen Kapiteln finden werden. Die linke Seite zeigt jeweils, welches Vorgehen Sie vermeiden sollten – die rechte, wie es ohne übermäßigen Aufwand besser geht. Alle Tipps habe ich in meiner langjährigen Arbeit als

Aufräumcoach entwickelt. Sie sind vielfach erprobt und praxisnah. So erfahren Sie zum Beispiel, was Sie beim Aussortieren von Büchern beachten sollten, wie Sie geschickt Geschirr verstauen und Kleiderstapel im Schlafzimmer vermeiden können.

Tipps für nachhaltiges Handeln

Ein wichtiges Prinzip in diesem Buch ist das des nachhaltigen Handelns. In unserer heutigen Zeit stellt gedankenloses Wegwerfen in vielen Fällen eine sinnlose Verschwendung von Ressourcen dar. Erfahren Sie anhand praxisnaher Tipps, wie Dinge, die Sie loslassen wollen, anderen Menschen nutzen können – etwa, indem Sie sie spenden.

Beim Aussortieren in Etappen vorgehen? Ausgewählte Mitbringsel aufheben? **VIEL BESSER!** Wie Sie Ihre Ordnung entspannt etablieren, steht jeweils auf der rechten Seite.

Ihr Weg durchs Buch

Wie Sie dieses Buch nutzen, bleibt Ihnen überlassen: Sie können es als Crashkurs von vorn bis hinten lesen oder sich über Inhaltsverzeichnis und Stichwortregister gezielt zu bestimmten Themen Rat suchen.

Das erste Kapitel unterstützt Sie dabei, einen guten Anfang zu finden. So gehen wir gemeinsam der Frage nach, wie die äußere Ordnung mit der Ordnung in Ihrem Inneren zusammenhängt und teilen Menschen in verschiedene „Chaos-Typen" ein. Im zweiten Kapitel gehe ich mit Ihnen von Raum zu Raum und erkläre Ihnen, was es beim Aussortieren und Neuordnen jeweils zu beachten gilt. In Kapitel drei finden Sie weitreichende Tipps zum Aussortieren und Neuordnen. Das letzte Kapitel widmet sich der Frage, wie Sie auch außerhalb der Wohnung Ordnung in Ihr Leben bringen und Ihre „Schönste Ordnung" langfristig erhalten.

Übrigens: Ausmisten galt schon bei den alten Griechen als heroisch: Der Sage nach bekam Herakles die Aufgabe, an einem einzigen Tag die Ställe des Augias auszumisten. Auch, wenn wir es nicht mit Rinderdung und altem Stroh zu tun haben – im Zeitalter von Konsum und Überfluss ist Ausmisten nach wie vor eine echte Heldentat.

Leichter und schöner leben

Nun wünsche ich Ihnen viel Freude bei dem Abenteuer, Ihr Zuhause und vielleicht auch Ihr Leben klarer und schöner zu gestalten. So viel vorab: Das Ganze kann anstrengend sein, und Sie sollten sich nicht zu viel auf einmal zumuten. Aber es macht großen Spaß, und Sie werden eine neue Leichtigkeit spüren. Versprochen!

INHALTSVERZEICHNIS

Ihr Weg zur schönsten Ordnung

Die neue Leichtigkeit

Service

Sie wollen in Ihrem Zuhause Ordnung schaffen und sich von Dingen lösen, die sich darin angesammelt haben – wissen aber nicht, wo und wie Sie anfangen sollen? Keine Angst: Es ist ganz einfach, wenn Sie sich die richtigen Fragen stellen und überschaubare Etappenziele setzen. Erlernen Sie das Einmaleins des raffinierten Räumens!

ALLER ANFANG IST GAR NICHT SO SCHWER

VON DER ÄUSSEREN ZUR INNEREN ORDNUNG

Kennen Sie das: Sie räumen Ihr Wohnzimmer auf und fühlen sich anschließend entspannter, ruhiger und klarer? Sie können mit einem Mal wieder besser denken und entscheiden? Dann haben Sie nicht nur Ihr Wohnzimmer in Ordnung gebracht, sondern ganz nebenbei auch etwas für Geist und Seele getan. Mit anderen Worten: Sie haben in sich selbst Ordnung geschaffen.

Vielleicht sehnen Sie sich danach, diese Klarheit dauerhaft in Ihr Leben zu holen. Der ganze Krempel, der sich im Laufe vieler Jahre angesammelt hat, verstopft ja nicht nur Flur und Arbeitszimmer, Speicher und Garage. Er blockiert auch Ihren Geist und schränkt Ihr Wohlbefinden ein.

Überflüssiges belastet das Gemüt

Warum das so ist? Ganz einfach: Alle diese Dinge liegen nicht nur herum. Sie rufen Ihnen zu: Repariere mich! Lies mich endlich! Verwende mich mal wieder! Die Wahrheit lautet: Vieles, was wir besitzen, nutzt uns nichts mehr, geschweige denn, dass es unseren Alltag bereichert. Im Gegenteil: Unnütze Dinge rauben uns Lebensenergie, verursachen Stress und lasten auf dem Gemüt.

Umgekehrt gilt: Wer sich von Überflüssigem trennt, Dinge aussortiert und den Rest neu ordnet, schafft sich innere Freiräume. Diese lassen sich mit neuen Gedanken und Ideen füllen. Aufräumen entrümpelt die Seele! Wer Ordnung schafft, wird sich oft auch eingefahrener Gedankenmuster und ungeklärter Konflikte bewusst, hinterfragt alte Gewissheiten, stellt vielleicht kaum noch existente Freundschaften in Frage – oder kündigt sogar einen ungeliebten Job.

„Zu viel" – was genau heißt das?

Neben dem Zuviel an Dingen leiden viele Menschen unter einem Übermaß an Verpflichtungen. Dazu trägt ein horrendes Arbeitspensum im Job genauso bei wie ein voller Terminkalender im Privatleben. Ihr Weg zu mehr Ordnung im Leben kann Sie folglich auch zu Fragen führen wie: Welche Aufgaben und Gewohnheiten rauben mir Zeit und Energie? Was stört mich, was macht mich ärgerlich oder ängstlich? Womit lenke ich mich ab? Warum umgebe ich mich mit Menschen, die es nicht gut mit mir meinen? Warum bin ich ständig beschäftigt, fühle mich aber innerlich leer?

Wenn Sie sich fragen, ob Sie einen Gegenstand noch brauchen und ob diese oder jene Angewohnheit Teil Ihres Lebens bleiben soll, schwingen meist auch zwei andere Fragen mit. „Wo stehe ich gerade?" Und: „Wo will ich eigentlich hin?"

Wenn uns das Loslassen von Dingen so schwerfällt, dann oft auch deshalb, weil es dabei um die Frage geht, wie das Haben mit dem Sein, also mit unserer Identität, verknüpft ist. Dinge können uns Geborgenheit und Stabilität vermitteln oder uns an glückliche Zeiten erinnern. Das macht das Loslassen nicht immer einfach.

Doch gleichzeitig öffnet uns die Fähigkeit dazu neue Räume und setzt Energien frei. Wir lassen frische Luft in unser Leben, etwas kommt in Bewegung, und ein Gefühl von Erleichterung stellt sich ein. Wir fühlen uns plötzlich frei und unbeschwert und merken oft erst in diesem Moment, wie sehr unsere Lebensenergie an alte Dinge gebunden war, die nicht mehr in unser Leben passen. Wer also beschließt, sich seine Schönste Ordnung zu schaffen, sollte den Fokus nicht auf Dinge legen, sondern auf sich selbst und seine Wünsche.

Dinge loszulassen braucht Übung

Dieser tiefe, manchmal auch schmerzhafte Befreiungsprozess braucht Zeit und Geduld. Trainieren Sie deshalb das Loslassen regelmäßig, und Sie werden sehen, wie es Ihnen von Mal zu Mal leichter fällt.

Wie wir mit den Dingen umgehen, sagt viel über unseren Umgang mit uns selbst und mit der Welt aus. Was bedeutet es für unser Selbstwertgefühl, wenn unsere Küchenschränke mit angeschlagenem Geschirr vollgestopft sind? Wenn wir unseren Tee aus einer billigen Tasse mit Werbeaufdruck trinken und das gute Service für besondere Gelegenheiten schonen? Sind wir es uns selbst nicht wert, schöne Dinge zu benutzen?

Aufräumen bringt Lebensqualität

„Die Dinge singen hör' ich so gern" – mit diesen Worten verwies der Dichter Rainer Maria Rilke auf die tiefere Verbindung von Mensch und Ding. Genau darum geht es bei der Schönsten Ordnung: Das, womit wir uns umgeben, ist ein Spiegel unserer Seele. Indem wir die Gegenstände des täglichen Lebens mit Wertschätzung behandeln, bringen wir uns selbst Wertschätzung entgegen. Indem wir Ordnung im Außen schaffen, ordnen wir auch unsere Gedanken und Gefühle und sorgen für inneres Gleichgewicht.

Vielleicht war es bisher so, dass Sie Aufräumen als eine lästige Pflicht empfunden haben? Jetzt werden Sie vermutlich merken, wie gut es Ihrem Leben tut und gehen es mit viel mehr Freunde an. Denn der Gewinn ist weit mehr als ein ordentliche Wohnung – nämlich Lebensqualität, Freude, Klarheit und Leichtigkeit.

DIE FÜNF CHAOS-TYPEN

Sicherlich haben Sie sich schon gefragt, warum Ihnen das Aussortieren von Dingen so schwerfällt. Warum Sie das Gefühl haben, dass etwas Unüberwindliches Sie lähmt und vom Anfangen abhält.

Die Antwort: Aussortieren hat mit Loslassen zu tun – ein tief greifender psychologischer Prozess, der zunächst Angst macht. Wer nicht loslässt, landet im Chaos. Das kann ganz individuelle Ursachen haben. Deshalb greifen allgemeine Tipps oft zu kurz.

Ein Hilfsmittel bei der Selbstanalyse sind die fünf Chaos-Typen. So viel vorab: Kaum jemand ist ein lupenreiner Horter, Aufschieber etc. Dennoch ermöglicht die Typisierung eine erste Auseinandersetzung mit eigenen Verhaltensweisen.

Typ 1: der Horter

Charakteristika: Der Horter will Dinge besitzen und häuft sie an, obwohl er sie gar nicht braucht. Dieses Vorgehen, verstärkt durch unkontrolliertes Shoppen und die permanente Jagd nach Schnäppchen, überfordert den Horter jedoch. Er findet sich in seinem Chaos nicht mehr zurecht und schämt sich. Er möchte etwas ändern, weiß aber nicht, was er tun soll.

Hintergrund: Horter handeln oft aus einem Mangelgefühl heraus. Ursache kann ein in der Kindheit erfahrener materieller Mangel sein, genauso kann aber auch ein Mangel an Aufmerksamkeit und Liebe dahinterstecken.

Erste Schritte: Horter sollten den erlebten Mangel für sich akzeptieren lernen und versuchen, mit anderen Menschen schöne Dinge zu erleben. Weitere Tipps auf S. 12/13.

Typ 2: der Aufschieber

Charakteristika: Dem Aufschieber fällt es schwer, Prioritäten zu setzen und mit Vorhaben zu beginnen – insbesondere, wenn sie ihm schwierig erscheinen. Er ist ein Meister im Finden von Ausreden vor sich selbst und vor anderen. Immer wartet der Aufschieber auf den richtigen Zeitpunkt, glaubt, keine Zeit zu haben und schützt Stress vor („Ich muss vorher noch …“).

Hintergrund: Das Aufschieben bindet viel Energie, und der Aufschieber gerät zunehmend unter Druck. Dieser Stress blockiert ihn zusätzlich. Oft steht hinter diesem Verhalten die Angst vor dem Scheitern.

Erste Schritte: Aufschieber sollten so bald wie möglich mit ihrem Aufräumprojekt beginnen, Prioritäten setzen und sich für Erreichtes belohnen. Weitere Tipps auf S. 16/17.

Typ 3: der Perfektionist

Charakteristika: Entweder perfekt oder gar nicht – das ist das Mantra des Perfektionisten. So kann bereits das Aufräumen der Besteckschublade daran scheitern, dass der perfekte Einsatz nicht zu finden ist. Akribische Detailversessenheit kennzeichnet den Perfektionisten ebenso wie übergroße Ansprüche an sich selbst und die eigene Arbeit. Der „innere Kritiker" macht es ihm schwer, sich über Erreichtes zu freuen. Quasi unbewusst vermeidet der Perfektionist mit dieser Strategie das eigene Scheitern.

Hintergrund: Der Perfektionist hat Angst, Fehler zu machen und fürchtet sich vor Ablehnung.

Erste Schritte: Perfektionisten sollten die Ursachen für ihre Ansprüche suchen und schrittweise lernen, Abstriche zu machen. Weitere Tipps auf S. 20/21.

Typ 4: der Leidgeprüfte

Charakteristika: Das Leben des Leidgeprüften wurde durch eine schwere Krankheit, eine schmerzhafte Trennung, den Verlust des Arbeitsplatzes oder den Tod eines nahen Menschen schwer erschüttert. Trauer, Verzweiflung und Überforderung bestimmen sein Leben – dadurch gelingt es ihm weder seine innere noch die äußere Ordnung aufrechtzuerhalten.

Hintergrund: Ein traumatischer Verlust verhindert oder erschwert hier das Loslassen. Dem Leidgeprüften fällt selbst das Weggeben von Alltagsgegenständen schwer, denn er hat Angst, es zu bereuen oder einen Verrat am Verstorbenen zu begehen.

Weitere Infos: Leidgeprüfte suchen sich am besten Unterstützung und stellen dann schrittweise ihre äußere Ordnung wieder her. Weitere Tipps auf S. 24/25.

Typ 5: der Kreative

Charakteristika: Der Kreative glaubt, dass Ordnung schöpferische Prozesse verhindert und will sich keinerlei Aufräumdoktrin unterordnen. Er ist überzeugt, sein „kreatives Chaos" zu brauchen, leidet jedoch oft unter der Unordnung. Er findet Materialien nicht und kann sich oft nur schwer auf den Schaffensprozess konzentrieren. Der Kreative hält Ordnung für spießig und weigert sich, den Aufräumprozess zu beginnen.

Hintergrund: Als Kind hat der Kreative oft gehört, er solle sein Zimmer aufräumen, besser Ordnung halten und Ähnliches – und möchte sich daher heute auf keinen Fall einer Autorität unterordnen.

Weitere Infos: Kreative sollten sich klarmachen, dass sie für sich eine ganz eigene Ordnung entwerfen können. Tipps auf S. 30/31.

DER HORTER: VOM MANGEL ZUM KAUFRAUSCH

„Das kann ich bestimmt irgendwann noch einmal gebrauchen!" Kommt Ihnen dieser Satz bekannt vor? Falls Sie ihn regelmäßig selbst sagen oder denken, könnte es sein, dass Sie Gemeinsamkeiten mit dem Chaostyp „Horter" aufweisen.

Wer Züge eines Horters trägt, hebt fast alles auf: Zeitungen, Plastiktüten, Kleidung, Bücher, Kosmetik, Postkarten, Deko-Artikel, Stifte. Anders als Sammler haben jedoch Horter den Impuls des Aufbewahrens nicht mehr unter Kontrolle. Während der Sammler stolz ist auf seine Schätze, sie penibel ordnet und anderen gern zeigt, schämt sich der Horter für seine Ansammlungen oft wertloser Objekte. Die gehorteten Dinge verstellen die Wohnung, machen sie ungemütlich und belasten Betroffene.

Kaufen als Kompensation

Horter sind häufig zugleich passionierte Shopper. Sie sorgen gern vor, bunkern etwa Nudeln und bauen Shampoo-Reserven auf. Der Gedanke, es könnte irgendwann an etwas fehlen, bestimmt ihr Verhalten. Horter fühlen sich auch von Billigartikeln und vermeintlichen Schnäppchen angezogen. Ihre vielen Einkäufe und Online-Bestellungen vergrößern jedoch nur das Chaos in der Wohnung und erweisen sich nicht selten als vollkommen überflüssig.

Extra-Info: Die pathologische Form des Horters ist der Messie. Er leidet unter einer Zwangsstörung und ist unfähig, sich von Unbrauchbarem zu trennen. Der Horter hingegen ist in aller Regel bereit, sich helfen zu lassen, sehnt sich nach einer geordneten Wohnung und einem aufgeräumten Leben.

Mangel akzeptieren lernen

In sehr vielen Fällen ist das Horten von Dingen die Reaktion auf ein Gefühl des Mangels. Damit ist keine besondere Not an Nudeln oder Shampoo gemeint, sondern ein Mangel an Aufmerksamkeit, Liebe oder Wertschätzung. Dieser Mangel kann sich durch alle Bereiche des Lebens ziehen. Seien Sie ehrlich zu sich: Wird Ihre Arbeit ausreichend gewürdigt? Versuchen Sie mit Ihren Käufen, einen Schmerz zu betäuben, eine innere Leere zu füllen?

Ist Mangel ein Thema in Ihrem Leben, versuchen Sie zunächst, diesen zu akzeptieren. Verdrängen Sie Ihre Gefühle nicht und trauern Sie, wenn die gemachten Erfahrungen Sie traurig stimmen. Versuchen Sie jedoch, sich nicht von ihnen überwältigen oder blockieren zu lassen. Suchen Sie sich gegebenenfalls psychologische Hilfe.

Schönes erleben statt shoppen

Ganz wichtig: Verordnen Sie sich einen Kaufstopp! Sagen Sie sich, dass das nächste Sonderangebot oder die Großpackung zwar Ihre Wohnung voller, Sie jedoch nicht glücklicher machen werden.

Beheben Sie Ihren Mangel an der richtigen Stelle. Verabreden Sie sich mit einer Freundin zu einem Spaziergang im Park, statt allein zu shoppen. Laden Sie Ihren Nachbarn auf einen Kaffee ein, statt online nach Schnäppchen zu jagen. Erleben Sie Schönes mit anderen Menschen, statt weiterhin Überflüssiges anzuhäufen.

Seien Sie gnädig zu sich: Gehen Sie Ihren Weg langsam, aber stetig. Sollten Sie einmal einem Kaufimpuls nicht widerstehen können, reflektieren Sie, warum das so war. Während Sie üben, beginnen Sie, sich von den vielen angehäuften Sachen zu trennen. Sie werden ein freierer Mensch sein!

TRAGEN SIE ZÜGE EINES HORTERS?

Die Antworten auf folgende Fragen können nur eine Orientierung bieten. Wer jedoch drei-, vier- oder fünfmal Ja ankreuzt, dem ist das Wesen dieses Chaostyps nicht fremd.

KÖNNEN SIE SICH SCHWER von Sachen trennen, leiden aber gleichzeitig unter der Anhäufung der Dinge und haben das Gefühl, in Ihrer Wohnung keine Luft zu bekommen?
☐ Ja ☐ Nein

SCHÄMEN SIE SICH EHER DAFÜR, dass Sie so viele Dinge aufbewahren, und wissen Sie im Grunde, dass die meisten wertlos sind?
☐ Ja ☐ Nein

NEIGEN SIE IM ALLTAG DAZU, exzessiv Vorräte, zum Beispiel an Lebens- und Körperpflegemitteln, anzulegen und versuchen Sie zu verhindern, dass Vorräte zur Neige gehen, bevor Sie sie aufgefüllt haben?
☐ Ja ☐ Nein

KAUFEN SIE GENERELL GERN EIN, haben jedoch oft schon nach kurzer Zeit das Gefühl, das Falsche gekauft zu haben?
☐ Ja ☐ Nein

VERSPÜREN SIE EINEN MANGEL in Ihrem Leben, sei es an Aufmerksamkeit, an Liebe oder an Wertschätzung? ☐ Ja ☐ Nein

ABLAGE F?

ACHTLOS ABGEWORFEN: Viele Fensterbänke entwickeln sich im Rekordtempo von tollen Hinguckern zu öden Krimskrams-Depots.

Widerstehen Sie der **VERSUCHUNG**, jede freie Fläche zu beladen. Schnell wird daraus ein beliebiges Einerlei, in dem man den Wald vor Bäumen nicht sieht.

VOR MANCHEM FENSTER stehen vertrocknete Pflanzen neben Deko-Engeln, Wackel-Dackeln und Büchern, die eigentlich in ein Regal gehören. Woanders drängt sich ein Kaffeebecher ohne Henkel, gefüllt mit kaputten Bleistiften und alten Kugelschreibern, neben Bastelarbeiten aus der Kindergartenzeit, obwohl der Sohn schon im Gymnasium ist. Ergebnis: Die Aussicht ist verstellt, der Raum dunkel. Die Fläche lässt sich weder abstauben noch wischen, das Fenster nicht mehr öffnen und lüften, sondern höchstens noch ankippen.

SCHAUFENSTER!

INS BESTE LICHT GERÜCKT: Nutzen Sie den exponierten Platz besser, um ein paar ausgewählte, schöne Dinge zu präsentieren.

> Schaffen Sie eine **STIMMIGE** Gemeinschaft! Dinge, die einen Platz auf der Fensterbank erhalten, sollten möglichst gut zueinander passen, um wirken zu können.

BEHALTEN SIE DEN DURCHBLICK! Weniger ist auch auf der Fensterbank mehr: Reservieren Sie sie für ein paar gepflegte Topfpflanzen mit zueinander passenden Übertöpfen, einen geliebten Kerzenständer oder einen funkelnden Bergkristall. Oder machen Sie sie zum Schauplatz wechselnder Ausstellungen – für eigene Kunstwerke oder die Ihrer Kinder. Sehr dekorativ wirken auch ein Strauß Frühlingsblumen, die Funde vom herbstlichen Waldspaziergang oder Ihre kreative Osterdeko. Nur sollte sie dort nicht so lange stehen bleiben, bis sie einstaubt.

DER AUFSCHIEBER: DIE LAST DES UNERLEDIGTEN

Ob Steuererklärung, Behördentermin, Seminararbeit oder Aufräumaktion – Aufgaben, die uns schwerfallen und zu denen wir wenig Lust verspüren, vertagen wir gerne. Prokrastination heißt das Phänomen auf Neudeutsch. Der Volksmund nennt das Ganze lieber „Aufschieberitis".

Untätigsein macht unzufrieden

Lästige Pflichten vor sich herzuschieben ist menschlich und muss nicht problematisch sein. Manche Dinge haben tatsächlich Zeit, andere erledigen sich von selbst. Schieben Sie jedoch wichtige Projekte zu lange auf oder versäumen Sie Fristen, bekommen Sie Probleme: Sie verärgern Ihren Chef, riskieren Mahngebühren oder gefährden Ihren Studienabschluss. Fühlen Sie sich in Ihrer Wohnung unwohl, räumen aber trotzdem nicht auf, macht Sie das unzufrieden und raubt Ihnen Kraft. Wem das bekannt vorkommt, der ist eventuell ein Aufschieber.

Richtiger Zeitpunkt kommt nie

„Leider keine Zeit" ist die Standardausrede vieler Aufschieber: der Job, die Kinder, die Verpflichtungen in der Freizeit. Was viele übersehen: Es ist die Unordnung, die Zeit kostet, denn sie erschwert das Suchen. Das eigentliche Problem besteht meist darin, Prioritäten zu setzen und Entscheidungen zu treffen. Aufschieber warten gern auf den „richtigen Zeitpunkt" oder die „richtige Stimmung". Da wird zuerst die Wäsche gewaschen, der Geschirrspüler ausgeräumt und Tee gekocht, bevor das Ausmisten beginnen kann. Oder eben auch nicht.

Extra-Info: Im Job oder Studium kann chronische Prokrastination mit Versagensängsten, Erschöpfungszuständen und depressiven Verstimmungen einhergehen. In der eigenen Wohnung nagt sie am Wohlgefühl, erzeugt latenten Stress und produziert nicht selten Streit mit Partnern und Mitbewohnern.

Ursache oft diffuse Ängste

Die Ursachen für das Verschieben von Aufgaben sind vielfältig: Der eine hat Angst vor dem Scheitern. Ein anderer fühlt sich von Eltern, Freunden oder dem Ehegatten unter Druck gesetzt und rebelliert unbewusst gegen Erwartungen. Manchen hemmt die Furcht vor der Reaktion anderer oder die Sorge davor, etwas falsch zu machen. Auch eine kuriose Angst vor Erfolg kann ein

Grund sein. Manche Menschen scheinen für ihr Selbstverständnis unerledigte Aufgaben zu brauchen.

Handeln statt davonlaufen

Versuchen Sie herauszufinden, warum Sie Aufgaben immer wieder verschieben. Machen Sie sich klar, dass der richtige Zeitpunkt nicht von selbst kommt. Er ist da, sobald Sie ihn dazu machen. Beginnen Sie mit Ihrem Aufräumprojekt und denken Sie positiv. Sagen Sie „Ich schaffe das!" anstatt „Das klappt ohnehin nicht." Setzen Sie Prioritäten, haken Sie Erledigtes ab und belohnen Sie sich für Erreichtes.

In Ihnen schlummert eine Menge Energie. Verschwenden Sie sie nicht, um sich über Ihre Zögerlichkeit zu ärgern. Nutzen Sie sie ab jetzt für sich. Nehmen Sie die Dinge wieder in die Hand und begegnen Sie den Aufgaben des Lebens, statt vor ihnen davonzulaufen. Sie werden sich selbstbewusster und freier fühlen, und Ihr Projekt Schönste Ordnung wird Schritt für Schritt Realität. Aufräumen statt aufschieben – das ist leichter als gedacht.

TRAGEN SIE ZÜGE EINES AUFSCHIEBERS?

Wer hier mindestens dreimal Ja antwortet, schiebt Lästiges gern auf die lange Bank.

WARTEN SIE ANGESICHTS wichtiger Aufgaben, bis der richtige Moment kommt oder Sie in der geeigneten Stimmung sind?

☐ Ja ☐ Nein

VERSÄUMEN SIE IN BERUF oder Privatleben häufiger mal eine Frist oder Deadline?

☐ Ja ☐ Nein

HABEN SIE OFT ZWEIFEL DARAN, einer wichtigen Aufgabe gewachsen zu sein?

☐ Ja ☐ Nein

HABEN SIE DAS GEFÜHL, für unangenehme Tätigkeiten keine Zeit zu haben und können dafür zahlreiche Argumente anführen?

☐ Ja ☐ Nein

KENNEN SIE DIE SITUATION, dass Sie vor dem Anpacken einer wichtigen Aufgabe zunächst tausend andere Dinge erledigen wollen?

☐ Ja ☐ Nein

SPIELT ES FÜR SIE EHER EINE GROSSE ROLLE, wie Menschen in Ihrem Umfeld Sie als Person und Ihren Erfolg beim Erfüllen von Aufgaben bewerten?

☐ Ja ☐ Nein

IMMER IM WEG?

WIE BEIM ATOMMÜLL – auch beim Ausmisten der Wohnung sind Zwischenlager keine Lösung.

Unförmige und **ÜBERQUELLENDE** Kisten lassen sich nur mühsam stapeln – eine weitere Hürde für den schnellen Abtransport.

Kisten im Flur sind hässlich und drücken aufs Gemüt: Das **SCHLECHTE GEWISSEN**, sie noch nicht weggeräumt zu haben, wird zum Dauerzustand.

„DAS STELLE ICH ERSTMAL IN DEN KELLER." So oder ähnlich verfahren viele Menschen mit Dingen, die sie aussortieren. Was genau damit geschehen soll – das findet sich schon. Wegwerfen ist jedenfalls (noch) keine Option. Und so blockieren die sorgfältig vorbereiteten Kisten, Kartons und Tüten oft Monate oder sogar Jahre Keller, Garage, Dachboden oder den Flur. Sie versperren den Weg, nerven den Betrachter und neigen stark zur Vermehrung! Kein Wunder, dass sich angesichts solch dauerhafter Provisorien kein Gefühl von Befreiung einstellt.

WEG DAMIT!

AUS DEN AUGEN, AUS DEM SINN! Was einmal Ihre Wohnung verlassen hat, werden Sie nicht mehr vermissen. Garantiert!

„AM WOCHENENDE ENTSORGE ICH DAS!“
Denken Sie bereits beim Aussortieren darüber nach, welche Sachen Sie Freunden oder Bedürftigen schenken, welche Sie an karitative Organisationen spenden oder zum Wertstoffhof bringen wollen. Sorgen Sie dann dafür, dass die Sachen rasch Ihr Zuhause verlassen. Vertagen Sie Entscheidungen über ihren Verbleib nicht zu lange. Ihr Aufräumprojekt ist beendet, wenn alle Kisten tatsächlich weg sind. Erst dann können Sie die Zufriedenheit, Klarheit und Leichtigkeit spüren, die das Loslassen Ihnen schenkt.

DER PERFEKTIONIST: VON ANSPRÜCHEN BLOCKIERT

„Ganz oder gar nicht" – diese Handlungsmaxime kommt Ihnen bekannt vor? Kennen Sie auch das Gefühl der Unzufriedenheit, wenn Sie Aufgaben liegen lassen – aus Angst, diese nicht perfekt zu erledigen? Willkommen im Klub der Perfektionisten!

Menschen dieses Chaostyps wünschen sich absolute Kontrolle über ihr Leben. Ihre Devise: Entweder ich vollende eine Aufgabe makellos – oder ich fange nicht erst an. Mit diesem Anspruch steht sich der Perfektionist selbst im Weg. Er hat Angst, Fehler zu machen und abgelehnt zu werden – deshalb packt er viele Aufgaben nicht an. So kann er nicht an ihnen scheitern, bringt jedoch auch nichts zustande.

Kompromisse nahezu unmöglich

Der Perfektionist ist detailversessen. Sein Vorsatz, den Kleiderschrank aufzuräumen, kann daran scheitern, dass er nicht die idealen Boxen zum Verstauen findet. Beim Aussortieren widmet er sich unwichtigen Feinheiten, ordnet etwa Buntstifte nach Farben. Anstatt Quittungen in einem Karton zu sammeln, klebt er sie auf DIN-4-Blätter und verliert das große Ganze aus dem Blick.

Seinen Anspruch der Situation anzupassen und zweitbeste Lösungen zu akzeptieren, fällt dem Perfektionisten schwer. Er würde eher das Gästebad zur Speisekammer umbauen als sich mit einem Vorratsschrank abzufinden. Aus dieser Haltung zieht er viel Selbstwertgefühl. Andere pfuschen, er arbeitet gründlich. Über Erreichtes kann er sich dennoch kaum freuen.

Mit Fehlern Frieden schließen

Wer Züge eines Perfektionisten trägt (siehe Kasten rechts), sollte ergründen, woher seine Ansprüche und Glaubenssätze stammen. Vor allem jedoch zur Einsicht gelangen: Menschen sind mehr als die Summe ihrer Leistungen. Genauso wie sie andere mit ihren Fehlern mögen, dürfen Perfektionisten sich selbst annehmen und Frieden mit ihren Unzulänglichkeiten schließen.

Noch ein wichtiger Tipp: Werden Sie sich Ihres „inneren Kritikers" bewusst, der Dinge gern schlecht redet. Verbieten Sie ihm von Zeit zu Zeit den Mund. Schauen Sie auch auf dem Weg zu Ihrer Schönsten Ordnung mehr auf das Erreichte und weniger auf das, was noch vor Ihnen liegt.

Mit 20 Prozent Aufwand ans Ziel

Perfektionisten sollten versuchen, Aufgaben nicht „perfekt", sondern „so gut wie möglich" zu erledigen. Machen Sie sich klar, dass das Streben nach Perfektion auf Dauer ungesund ist. Gönnen Sie sich Ruhepausen, sonst sind Sie bald zu erschöpft, um weiter Ordnung zu schaffen. Gehen Sie in Etappen vor und lernen Sie, Ihre Leistungen anzuerkennen: Ist der Schreibtisch aufgeräumt oder die Küche ausgemistet, genießen Sie diesen Zustand und seien Sie stolz auf sich! Bleiben Sie geduldig, wenn Chaos-Inseln überleben. Begreifen Sie, dass nicht nur ein perfektes Ergebnis akzeptabel ist. Es zeugt von Souveränität, bewusst auf das letzte Quäntchen zu verzichten.

Extra-Info: Eine gute Orientierung bietet die 20:80-Regel, auch Pareto-Prinzip genannt: Bei vielen Aufgaben lassen sich mit lediglich 20 Prozent des Aufwands 80 Prozent des Ergebnisses erreichen. Für die übrigen 20 Prozent wären 80 Prozent der Energie nötig. Das ist ineffizient und kraftraubend. Achtzig Prozent richtige Antworten – das ergibt bei Prüfungen die Note Zwei. Und das bedeutet: Gut!

TRAGEN SIE ZÜGE EINES PERFEKTIONISTEN?

Die Antworten auf folgende Fragen geben keine verbindliche Einschätzung. Wer jedoch drei-, vier- oder fünfmal Ja ankreuzt, dem ist das Wesen dieses Chaostyps nicht fremd.

GLAUBEN SIE, DASS SIE NUR GELIEBT WERDEN, wenn Sie Spitzenleistungen abliefern?
☐ Ja ☐ Nein

GLAUBEN SIE, UMSO MEHR GELIEBT ZU WERDEN, je weniger Fehler Ihnen unterlaufen?
☐ Ja ☐ Nein

HABEN SIE EINEN „INNEREN KRITIKER", der Ihnen viele Dinge schlechtredet?
☐ Ja ☐ Nein

LASSEN SIE ARBEIT EINFACH LIEGEN, wenn Sie daran zweifeln, ob Sie die betreffenden Aufgaben fehlerlos erledigen können?
☐ Ja ☐ Nein.

VERLIEREN SIE SICH ÖFTER MAL in eigentlich unwichtige Details und schaffen deshalb die eigentliche Aufgabe nicht?
☐ Ja ☐ Nein

NEIGEN SIE DAZU, bei vielen Dingen zuerst das Schlechte zu sehen und erst danach – wenn überhaupt – das Gute?
☐ Ja ☐ Nein

GEWALTTOUR?

FRUSTPOTENZIAL: Zu großer Ehrgeiz gepaart mit zu wenig Zeit sorgt für unnötigen Stress.

Jede Aufräumaktion beginnt mit der Frage: Was kann ich in der verfügbaren **ZEIT** schaffen?

Eine Hauruck-Aktion ohne vorherige **PLANUNG** macht das Chaos oft noch größer.

WENN WIR SCHON DABEI SIND – dann misten wir doch gleich die ganze Wohnung aus! Das klingt zwar zupackend, ist aber unrealistisch. Frust mit Ansage, sozusagen. Stellen Sie sich nur mal vor, was Sie alles vorhaben: Dinge sichten und aussortieren, den Rest neu ordnen und Überflüssiges wegbringen. Wer zu viel will, merkt schnell, dass er nicht alles schafft und gerät in einen Kreislauf aus Unzufriedenheit, Selbstzweifeln und Stress. Übrig bleiben halb geleerte Schränke sowie Stapel von Büchern, Geschirr und Klamotten – kurz: das Chaos.

ETAPPENZIELE!

RÄUMEN AUF KOMMANDO: Verordnen Sie sich überschaubare Einheiten.

Verabreden Sie sich am besten regelmäßig mit sich selbst zum Ausmisten und Aufräumen. Diese **TERMINE** sind verbindlich und sollten nur im Notfall ausfallen.

Wer sich realistische Ziele setzt und diese erreicht, kann sich in ein **FLOW-GEFÜHL** versetzen. In dem Maß, wie man das Aussortieren trainiert und seine Vorgehensweisen verfeinert, fällt es einem immer leichter.

GEHEN SIE SCHRITTWEISE VOR. Listen Sie auf, was es zu tun gibt: Geschirr aussortieren, Bücher ausmisten, Vorräte ordnen etc. Messen Sie jeder Aufgabe eine nicht zu knappe Zeitspanne zu. Die Bücher brauchen vielleicht ein Wochenende, für die Vorräte könnten zwei bis drei Stunden reichen. Tragen Sie die ermittelten Zeiträume in Ihren Kalender ein. Der Prozess des Räumens kann und darf Wochen oder sogar Monate dauern. Sie werden sehen: In kleinen Etappen kommen Sie ans Ziel – und haben zwischendurch viele Erfolgserlebnisse.

DER LEIDGEPRÜFTE: LEBEN NACH EINEM VERLUST

Wer einen geliebten Menschen verliert, ist neben Trauer und Verzweiflung auch mit dem großen Thema Loslassen konfrontiert. Mit jedem Gegenstand, den er in die Hand nimmt, werden Erinnerungen lebendig, und die Entscheidung, was mit all den Dingen geschehen soll, ist schwierig zu treffen.

Viele, die einen solchen Schicksalsschlag erlitten haben, treibt die Sorge um, sie könnten Dinge weggeben und diesen Schritt später bereuen. Diese Angst führt oft dazu, dass Hinterbliebene erst einmal alles behalten. Wer dieses Verhalten an sich bemerkt, sollte sich fragen, ob der Zeitpunkt bereits gekommen ist, um wirklich loszulassen. In der ersten Trauerphase, deren Länge sehr unterschiedlich sein kann, ist es dafür meist zu früh.

Umgang mit Erinnerungen

Manchen bewegt die Frage, ob er sich schuldig macht oder Erinnerungen auslöscht, wenn er sich von Gegenständen aus dem Besitz des Verstorbenen trennt. Dann kann es helfen, sich klarzumachen, dass man alle Erinnerungen an den geliebten Menschen in sich trägt und diese nicht in Gegenständen stecken. Im Gegenteil: Die Schuhe in der Garderobe, der Lieblingsschal in der Schublade, die Notiz auf dem Zettel an der Pinnwand können einen zusätzlich traurig machen, denn sie erinnern schmerzhaft daran, dass der geliebte Mensch nicht mehr da ist. Die Trennung von Gegenständen ist kein Loslösen vom Verstorbenen, sondern hilft, sich von seinem eigenen akuten Schmerz zu lösen.

Spenden statt wegwerfen

Ist die akute Trauer über einen Todesfall überwunden, spüren viele Menschen das Bedürfnis, sich von Alltagsgegenständen des Verstorbenen zu lösen. Sie sollten sich dann fragen, was der Verstorbene gewollt hätte. Leichter wird es, wenn man Dinge nicht wegwirft, sondern an Bedürftige spendet oder verschenkt.

Verlust als Ausnahmesituation

Auch eine Scheidung, Trennung oder Krankheit kann Menschen in eine Situation bringen, in der ihnen ihr Leben entgleitet. Sie verkriechen sich daheim, haben keine Kraft mehr zum Aufräumen und öffnen auch ihre

Post nicht mehr. Dennoch leiden sie unter dem größer werdenden Chaos. Sie hadern mit sich selbst, und ihre Gedanken kreisen um die Vorstellung, aus eigener Kraft nichts tun zu können.

Bewusst Unterstützung holen

Erleben Sie eine vergleichbare Situation, dann versuchen Sie, aus Negativschleifen auszusteigen. Sagt Ihre innere Stimme, dass Sie Ihr Chaos nicht bewältigen können, stoppen Sie diese Grübeleien bewusst. Holen Sie sich Unterstützung im Freundeskreis, in der Familie, von einem Therapeuten sowie einem Aufräumprofi. In Ihrer Wohnung oder Ihrem Haus schrittweise Ordnung zu schaffen kann den Prozess Ihrer Genesung oder das Überwinden des Trennungsschmerzes unterstützen. Die äußere Ordnung hilft Ihnen, zur inneren Ruhe zu finden. Veränderungen werden sichtbar und greifbar – es tut sich was. Bald fühlen Sie sich wieder wohler in Ihrem Zuhause und hoffentlich bald auch in Ihrer Haut.

TRAGEN SIE ZÜGE EINES LEIDGEPRÜFTEN?

In diese Gruppe gehört nicht jeder, der einen Menschen verloren hat – aber viele, die mit dem Verlust auf bestimmte Weise umgehen.

HABEN SIE EINEN TRAUERFALL, eine Trennung, oder eine schwere Krankheit zu verarbeiten?

☐ Ja ☐ Nein

FÜHLEN SIE SICH ANTRIEBSLOS und haben das Gefühl, dass Ihnen Ihr Leben entgleitet?

☐ Ja ☐ Nein

VERKRIECHEN SIE SICH SEIT IHREM VERLUST in den eigenen vier Wänden und haben kaum noch Kontakte nach außen?

☐ Ja ☐ Nein

HABEN SIE ANGST DAVOR, Erinnerungsstücke eines Verstorbenen wegzuwerfen, weil Sie das später bereuen könnten?

☐ Ja ☐ Nein

FÜHLEN SIE SICH SCHULDIG bei dem Gedanken, persönliche Gegenstände eines nahen Verstorbenen wegzuwerfen?

☐ Ja ☐ Nein

SIND SIE DER MEINUNG, dass Sie Ihre schlimme Situation aus eigener Kraft nicht werden bewältigen können?

☐ Ja ☐ Nein

ANDENKEN ZUERST?

FANGEN SIE NICHT mit Erinnerungsstücken an, die emotionalen Hürden sind zu hoch.

Fotos und Briefe zu **DIGITALISIEREN** schafft schnell Platz, erspart jedoch nicht das Auseinandersetzen mit deren Inhalt.

Sich von emotional aufgeladenen Dingen zu lösen ist die **HOHE KUNST** des Aussortierens und sollte auf keinen Fall am Beginn stehen. Die Beschäftigung mit Erinnerungen braucht Zeit und etwas Übung.

FOTOS, BRIEFE, TAGEBÜCHER, GESCHENKE – persönliche Dinge loszulassen, kann schwierig und quälend sein. Sie fühlen sich dabei schnell überfordert, können sich leicht verzetteln und stehen dann vor einer emotionalen Eiger-Nordwand. Alte Fotos erinnern Sie an gute und vielleicht auch weniger gute Tage, das nochmalige Lesen von Briefen fördert oft auch Ambivalentes und Belastendes zutage. Es dauert oft lange, bis Sie wissen, was damit geschehen soll. Warten Sie deshalb mit dem Sortieren von Erinnerungen, bis Sie sich bereit dazu fühlen.

HAUSRAT ZUERST!

BEGINNEN SIE DAS AUSSORTIEREN mit Dingen, über deren Schicksal Sie rein rational entscheiden können.

Das Aussortieren unbrauchbarer und defekter Elektrogeräte ist eine hilfreiche **ANFANGSÜBUNG** auf dem Weg hin zur Schönsten Ordnung.

EXTRA-TIPP:
Vergessen Sie nicht, aussortierte Geräte zeitnah zum Wertstoffhof zu bringen!

HANDY, BOHRMASCHINE, DRUCKER – das sind Dinge, mit denen Sie das Aussortieren von Räumen getrost üben können, denn diese Gegenstände sind in aller Regel nicht emotional besetzt. Sie werden feststellen, dass es gar nicht so schwer ist wie befürchtet, zügig Entscheidungen zu treffen. Weiterer Vorteil: Sie kommen zügig voran und können bald Erfolge verzeichnen. Sobald Ihr Schwungrad des Räumens in Bewegung ist, wagen Sie sich nach und nach an die heikleren Themen. Sie werden feststellen: Wer geübt hat, tut sich leichter.

Emotional besetzt Gegenstände, an denen Ihr Herz besonders hängt, sollten einen gebührenden Platz einnehmen – zum Beispiel in einer schönen Kiste im Regal.

EIN PLATZ FÜR ERINNERUNGEN

Neben ungeliebten, kaputten und nutzlosen Gegenständen fallen Ihnen während des Aussortierens garantiert auch besondere Dinge in die Hände. Diese erinnern Sie an glückliche Momente, herrliche Urlaubsreisen, fröhliche Feste, nahestehende Menschen – eventuell auch an schmerzhafte, gerade deshalb jedoch wichtige Erfahrungen in Ihrem Leben.

Legen Sie alle emotional aufgeladenen Fundstücke zur Seite. Das kann das Aufsatzheft aus der Grundschulzeit sein, ein Wunschzettel, den Sie als kleines Kind ans Christkind oder den Weihnachtsmann geschrieben haben, der Abschiedsbrief Ihrer ersten großen Liebe, Ihr alter Teddy, eine Münze von der ersten Reise ohne Eltern, das Zigarettenetui Ihres Großvaters, die selbst gestrickten Handschuhe Ihrer Großmutter. Alle diese Sachen haben eine Geschichte und sind emotional besetzt.

Machen Sie sich klar, dass es nicht darum geht, sich von allen diesen Dingen zu trennen. Die damit verbundenen Erinnerungen sind zwar auch ohne sie Teil Ihrer Identität. Doch Andenken können sehr wohl ein Vehikel sein, um Erinnerungen wachzurufen.

Fügen Sie sich selbst keinen Schmerz zu. **Ist es Ihnen unmöglich, einen Gegenstand für immer loszulassen, kann er an einem besonderen Ort eine neue Heimat finden: in Ihrer persönlichen Erinnerungskiste.** Das kann eine schöne Schatulle sein, der Sie einen besonderen Platz einräumen, etwa in Ihrem Regal oder Schrank.

Bedenken Sie jedoch, dass diese Erinnerungskiste kein Platz für sämtliche Gegenstände sein kann, die Sie an Vergangenes erinnern. Treffen Sie eine kluge Auswahl. Weniger ist mehr!

Heben Sie zum Beispiel nur Dinge auf, die Sie an glückliche Momente erinnern. In einem solchen Fall würden ein schmerzhafter Abschiedsbrief oder die Uhr eines ungeliebten Onkels keinen Platz finden. Ihre Schatzkiste muss kein Mausoleum sein, in dem Sie nur Vergangenes konservieren. Sie kann leben und weiter bereichert werden mit schönen Dingen, die Sie bewahren möchten.

Bewahren Sie diesen wertvollen Schatz. Das Substrat Ihrer Emotionen soll Sie künftig daran erinnern, wie viel Schönes Ihnen im Leben bereits geschenkt wurde. Schauen Sie sich den Inhalt Ihrer Erinnerungskiste also ab und zu an und freuen Sie sich an den Dingen, die Sie ganz bewusst darin aufgehoben haben.

DER KREATIVE: CHAOS IST KEINE VORAUSSETZUNG

Bilder malen, Geschirr töpfern, Kleider entwerfen – wer kreativ tätig ist, benötigt oft einiges an Material. Zusammen mit den anderen Dingen, die ihn umgeben, findet der kreative Typ darin Inspiration.

Die Unordnung um sich herum nennt er gern „kreatives Chaos". Gelegentlich leidet er jedoch darunter, weil er Werkzeuge oder Materialien nicht findet und viel Zeit und Energie mit der Suche verschwendet. Ressourcen, die fürs Kreativsein fehlen. Könnte es sein, dass ein solches Chaos gar nicht nötig ist, um kreativ sein zu können?

Chaos kann Kreativität rauben

Sich von Gegenständen zu trennen, fällt vielen Kreativen deshalb so schwer, weil sie gern das Gefühl haben, stets für alle möglichen Projekte gerüstet zu sein. Andere wiederum hängen an Erinnerungen und heben alles auf, was sie einmal begeistert hat. Der kreative Chaos-Typ sagt: „Das war meine Flöte, als ich beschloss, Musikerin zu werden." Oder „In diesem Ballettkleid habe ich früher getanzt und träumte davon, Tänzerin zu werden." Manchen Kreativen umgibt deshalb auch eher eine Sammlung der verpassten Chancen. So viel vorab: Unkonventionell zu leben und die Dinge eher spielerisch anzugehen ist überhaupt nicht verwerflich – und eine schöpferische Ader ist eine echte Gabe. Wer sie besitzt, sollte sich seine künstlerische Kraft jedoch nicht von Dingen rauben lassen, die sich im Lauf der Zeit einfach nur angesammelt haben.

Nicht am Gestern kleben

Versuchen Sie zu ergründen: Warum glauben Sie, dass Sie sich von Ihren Träumen verabschieden müssen, sobald Sie sich von bestimmten Dingen lösen? Halten Sie eventuell an übergroßen, schwer zu verwirklichenden Träumen fest? Falls ja, warum? Kann es sein, dass Sie die Vergangenheit verklären und dass Sie das daran hindert, im Hier und Jetzt leben?

Fühlen Sie sich blockiert vom Fluch des Konjunktivs: Hätte ich doch? Wäre ich doch damals? Wenn Sie sich diesen Fragen stellen und gleichzeitig mit Ihrer Schönsten Ordnung beginnen, können Sie sich schrittweise von unrealistischen Zielen und Vorstellungen verabschieden und neue Freiräume und Möglichkeiten entdecken.

Wünsche spüren und umsetzen

Verspüren Sie zum Beispiel den Wunsch nach einem übersichtlichen Arbeitsraum, wird es Ihnen zunehmend leichter fallen, sich von Dingen zu trennen. Denn Sie werden merken, wie positiv Luft und Freiraum sich auf Ihre künstlerische Arbeit auswirken.

Heben Sie gut erhaltene Materialen auf, trennen Sie sich von kaputten Dingen und Gerümpel. Kaufen Sie Boxen und Kartons, die Ihnen gefallen und beschriften Sie sie. Sortieren Sie Gleiches zu Gleichem, ob Farben, Werkzeug oder Papier. Arbeiten Sie bei Bedarf mit Unterkategorien: Dekopapier, Schreibpapier, Aquarellpapier etc. Ziel ist es, alle Sachen wiederzufinden.

Kein Grund mehr für Antihaltung

Machen Sie sich klar, dass Sie nicht mehr für andere aufräumen. Niemand zwingt Sie dazu, niemand kann Sie bevormunden. Sie schaffen Ordnung für sich selbst. Diese Ordnung kommt Ihrer Arbeit zugute, und in ihr kann etwas Kreatives stecken.

TRAGEN SIE ZÜGE DES KREATIVEN?

Auch hier gilt: Wer die folgenden Fragen mehrheitlich bejaht, sollte sich näher mit den im Text geschilderten Strategien befassen.

SIE WOLLEN SICH GRUNDSÄTZLICH in Ihrem Leben nichts vorschreiben lassen?

☐ Ja ☐ Nein

SIE GLAUBEN, STRUKTUR UND KLARHEIT verhindern kreative Prozesse?

☐ Ja ☐ Nein

IN IHREM ARBEITSRAUM SIEHT es so aus, wie es bei einer kreativ tätigen Person nun mal auszusehen hat?

☐ Ja ☐ Nein

SIE FINDEN AUFRÄUMEN generell spießig?

☐ Ja ☐ Nein

MIT ORDNUNG VERBINDEN Sie vor allem „Zucht und Ordnung"?

☐ Ja ☐ Nein

SIE FÜHLEN SICH IN IHRER persönlichen Freiheit und Schaffenskraft eingeschränkt, sobald Sie auf Ordnung achten sollen?

☐ Ja ☐ Nein

SIE DENKEN OFT AN DIE Vergangenheit und trauern verpassten Chancen nach?

☐ Ja ☐ Nein

GRUNDPRINZIPIEN DER SCHÖNSTEN ORDNUNG

Wer sich auf den Weg zu seiner Schönsten Ordnung macht, will mehr, als nur Sachen von A nach B räumen. Das Konzept umfasst unter anderem einen kritischen Umgang mit Konsum und Besitzstreben. Es unterstützt nachhaltiges und ressourcenschonendes Handeln und fördert Achtsamkeit und einen reflektierten Umgang mit sich selbst und seiner Umwelt. Anders gesagt: Die Schönste Ordnung soll sich nicht nur in Ihrer Wohnung etablieren, sondern auch Einzug in Ihren Kopf halten. Gelingt Ihnen das, haben Sie mehr aufgeräumt als ein paar Schränke und Regale.

Weniger ist mehr

Es reist sich besser mit leichtem Gepäck! Klingt nicht neu, stimmt aber. Egal, ob wir einen Trend Minimalismus, Konsumverzicht, einfaches Leben oder Downshifting nennen – es geht immer darum, mit weniger Ballast zu leben und nur das zu besitzen, was wir wirklich schätzen und brauchen. Einfachheit und Reduktion können uns dabei helfen, uns in einer immer komplexer und unübersichtlicher werdenden Welt auf das Wesentliche zu konzentrieren.

Nachhaltig leben

Verantwortung für die Welt und für kommende Generationen zu übernehmen heißt auch, sich mit dem eigenen Konsumverhalten auseinanderzusetzen. Die Schönste Ordnung kann helfen, sich über wichtige Zusammenhänge klar zu werden. Denn weniger zu brauchen heißt, weniger zu konsumieren. Und durch weniger Konsum schonen wir Ressourcen, vermeiden Abfall und sparen viel Energie – auch die eigene.

Schönheit und Klarheit

Hinter der Frage, was wir wirklich brauchen, steht immer auch die Frage, wer wir eigentlich sind, wo wir gerade stehen und wohin wir gehen wollen. Die Schönste Ordnung ist ein kraftvoller und heilsamer Weg zu sich selbst, zu eigener Wertschätzung, zu innerer Klarheit und zu einem schönen, erfüllten Leben.

Luft und Leichtigkeit

Sie werden es beim Aussortieren spüren: Wenn ungenutzte, kaputte, hässliche oder mit schlechten Erinnerungen beladene Dinge Ihr Zuhause verlassen, stellt sich ein Gefühl von Leichtigkeit und Freiheit ein. Ihre Lebensenergie kann wieder fließen und es entsteht Raum für Neues.

Zeit und Muße

Nehmen Sie sich für Ihre Schönste Ordnung ausreichend Zeit. Was sich über Jahre angesammelt hat, können Sie nicht in ein paar Tagen loswerden. Wenn Sie Ihr Leben ordnen, werden Sie die Erfahrung machen, dass Sie bald mehr Zeit und Muße haben für Dinge, die Ihnen wichtig sind: Familie, Freunde, soziales Engagement, Hobbys und vieles mehr.

Vorgabe und Individualität

Der Prozess zu Ihrer Schönsten Ordnung verlangt nicht, dass Sie sich strengen Minimalismus-Regeln unterordnen und in einem starren Zeitrahmen eine vorgegebene Agenda abarbeiten. Was nicht heißt, dass Sie sich nicht anstrengen sollten. Ganz ohne Anstrengung wird der Prozess nicht funktionieren. Unterm Strich geht es vor allem darum, herauszufinden, welche Art und welcher Grad von Ordnung für Sie selbst am besten passt und Ihnen ein möglichst selbstbestimmtes und erfülltes Leben ermöglicht. Und dafür lohnt sich die Mühe.

BEI PROBLEMEN HILFT EIN AUFRÄUM-COACH

Kommen Sie mit Ihrer Ordnung nicht voran oder haben Sie Probleme, damit zu beginnen, suchen Sie Hilfe bei einem Ordnungs-Coach.

GEBEN SIE ONLINE Stichworte wie „Ordnung", „Ordnungscoach", „Aufräumen", „Aufräumhilfe" und Ihren Ortsnamen ein.

BEVORZUGEN SIE Anbieter, die ihre Preise transparent auf ihrer Website veröffentlichen.

VEREINBAREN SIE ein Telefonat oder ein Erstgespräch bei sich zu Hause. Lernen Sie den Coach kennen und schildern Sie Ihr Anliegen.

HÖREN SIE bei der Entscheidung auch auf Ihr Bauchgefühl. Ist Ihnen der Coach sympathisch? Können Sie ihm vertrauen?

ARBEITEN SIE mit einem Profi zusammen, brauchen Sie sich ihm Gegenüber, im Gegensatz vielleicht zu Freunden oder Familienmitgliedern, für Unordnung nicht zu schämen – ein großer Vorteil.

SIE ERHALTEN ein Konzept, das zu Ihnen passt und Ihnen hilft, Etappen auf dem Weg zu Ihrer individuellen Ordnung allein weiterzugehen.

Zurück in die Heimat
Sehen Sie Geschirr an verschiedensten Orten in Ihrer Wohnung herumstehen, nehmen Sie es beim nächsten Gang in die Küche direkt mit.

WIE SIE IHREN DINGEN EINE HEIMAT GEBEN

Wer will schon jedes Mal zu suchen anfangen, wenn er eine bestimmte Vase, einen Kerzenständer oder ein Schälchen für Knabbersachen sucht? Dinge nicht zu finden, wenn man sie am dringendsten braucht, kostet einen den letzten Nerv. Ein weiteres wichtiges Grundprinzipien für Ihre Schönste Ordnung lautet deshalb: Jedes Ding hat seinen Platz und kehrt nach der Benutzung an genau diesen Platz zurück.

Wer diese Regel befolgt, wird sich bald an einem aufgeräumten Zuhause erfreuen. Mit Tellern, Töpfen und Pfannen klappt das meist von selbst – was die Optik ruiniert, ist der ganze Kleinkram! Üben Sie deshalb, Korkenzieher, Fernbedienung & Co. an ihren Platz zu legen. Bald werden Sie darüber gar nicht mehr nachdenken müssen.

1 **Kurze Wege:** Verstauen Sie Dinge dort, wo Sie sie in der Regel benutzen. Dieses Vorgehen erspart Ihnen unnütze Wege durch die Wohnung. Stifte gehören in die Schreibtischschublade, DVDs ins TV-Schränkchen, Zeitschriften und Bücher in die Ablage des Couchtischs etc.

2 **Schneller Zugriff:** Geben Sie oft benutzten Dingen wie Scheren, Schlüsseln und Fernbedienungen dort ihre Heimat, wo Sie sie gut erreichen können: am Schlüsselbrett, in einer Aufbewahrungsbox oder einem Organizer etc. Lassen sich Dinge einfach greifen und anschließend wieder wegräumen, werden Sie es auch tun.

3 **Klare Hierarchie:** Ob Strohhut, Fondue-Set oder Tischtennisschläger – Dinge, die Sie nur selten benutzen, können in einem Regal oder Schrank relativ weit oben ihren Platz finden. In solchen Fällen darf das Zurückräumen ruhig einen Handgriff mehr kosten.

4 **Gute Absprache:** Besprechen Sie mit Ihrem Partner oder Ihrer Familie genau, wo einzelne Dinge ihren Platz haben. Nur dann kann jeder die Sachen zurückräumen und sich nicht mehr hinter der beliebten Ausrede verstecken, er wisse ja nicht, wo was hingehört.

5 **Kluge Nachsicht:** Sollten Sie am Anfang ab und zu in alte Gewohnheiten zurückfallen und landen Dinge am falschen Ort, seien Sie nicht allzu streng mit sich und anderen. Verlieren Sie nicht den Mut, sondern korrigieren Sie Fehlgriffe konsequent. **Im Laufe der Zeit werden Sie feststellen, wie sich neue Verhaltensweisen einspielen und eine neue Ordnung entsteht.**

DAS CHAOS BÄNDIGEN – SO ENTSTEHT IHR MASTERPLAN

1. Typisierung. Ergründen Sie, welcher Chaos-Typ Sie sind (ab S. 10/11), woher eventuelle Blockaden stammen und was Sie verändern wollen. Was ist Ihre Sehnsucht beim Thema Ordnung?

2. Bestandsaufnahme. Gehen Sie mit einem Schreibblock durch Ihre Wohnung und notieren Sie alle Bereiche, denen Sie sich widmen wollen. Was gilt es, auszusortieren und neu zu ordnen?

3. Etappen. Statt „Kleiderschrank ausmisten" notieren Sie Kategorien: „1. Socken, 2. Unterhosen etc." Je kleiner die Kategorien, desto besser lässt sich die Arbeit nebenbei erledigen.

4. Zeitaufwand. Schätzen Sie, wie lange Sie für die einzelnen Kategorien brauchen und wann Sie dafür Zeit haben. Beispiel: „Geschirr: 3 Stunden, Freitag". „Vorräte: 2 Stunden, Samstag" etc.

5. Termine. Verabreden Sie sich mit sich selbst, indem Sie für die Kategorien Termine in Ihren Kalender eintragen. Arbeiten Sie so schrittweise Ihre To-do-Liste ab. Setzen Sie dabei Prioritäten.

6. Zeitliches Ziel. Werden Sie konkret: „In drei Monaten möchte ich fertig sein." Oder: „Bis Weihnachten ist die Hälfte geschafft!" Ihr Ziel sollte realistisch und stressfrei erreichbar sein.

7. Recherche. Schauen Sie nach, ob es in Ihrer Nähe ein Kaufhaus für Gebrauchtwaren oder karitative Organisationen gibt, die Ihre noch gut erhaltenen Dinge als Sachspenden annehmen.

8. Rüstzeug. Besorgen Sie sich reißfeste Müllbeutel in passender Größe und stabile mittelgroße Umzugskisten zum Sortieren und Wegbringen (siehe S. 40/41). Jetzt kann es losgehen!

Konsequent entschlackt
Ist erst Platz im Regal geschaffen, lassen sich die verbliebenen Bücher problemlos einordnen – und müssen nicht mehr in viel zu kleine Lücken gequetscht werden.

AUSSORTIEREN ODER BEHALTEN?

Sich für oder gegen einen Gegenstand zu entscheiden, kann schwierig sein. Bei Zweifeln helfen Ihnen folgende fünf Fragen und die Antworten darauf. Haben Sie dieses Vorgehen einmal verinnerlicht, wird Ihnen das Aussortieren zusehends leichter fallen.

1 Brauche ich das noch? Die Frage nach dem Nutzen von Dingen ist nicht immer leicht zu beantworten. Es gibt Sachen, von denen Sie vielleicht glauben, dass Sie sie irgendwann wieder brauchen könnten. Doch Achtung: **Dieses „Irgendwann" wird schnell zur Falle, denn es verleitet dazu, alles aufzuheben.** Dass Sie Dinge benutzen, die Sie jahrelang nicht mehr in der Hand hatten, ist sehr unwahrscheinlich. Außerdem können Sie keine gravierenden Fehler machen, denn fast alles lässt sich ersetzen oder leihen.

2 Wie viel davon benötige ich? Sie stoßen bei Ihrer Aufräumaktion auf 23 Notizhefte, 50 Handtücher und 8 Rucksäcke? Fest steht: So viel braucht kein Mensch. Heben Sie ruhig jeweils ein paar Exemplare als Reserve auf, aber machen Sie deren Anzahl vom verfügbaren Platz abhängig – und sortieren Sie in jedem Fall einen Teil aus!

3 Finde ich es schön? Diese Frage zielt auf Ihre Emotionen. Sie haben schöne Teetassen von Ihrer Großmutter geerbt? Behalten Sie sie, benutzen Sie sie und freuen Sie sich täglich daran! Sie haben Geschirr aus dem Nachlass Ihrer Eltern im Schrank, das Sie schon als Kind nicht mochten? Trennen Sie sich! **Alles, was Ihrem Geschmack nicht entspricht und womit Sie keine positiven Emotionen verbinden, darf gehen.**

4 Ist es noch in Ordnung? Ein defekter Plattenspieler, eine kaputte Jacke, ein fleckiger Teppich: Hängen Sie dennoch an diesen Dingen? **Schätzen Sie ab, was sich ohne großen zeitlichen und finanziellen Aufwand reparieren lässt.** Machen Sie eine Kosten-Nutzen-Rechnung und heben Sie nur Dinge auf, die Sie zeitnah reparieren (lassen) können. Bedenken Sie: Kaputte Dinge dürfen Sie nicht davon abhalten, Ihre Schönste Ordnung zu etablieren.

5 Ist es am richtigen Platz untergebracht? Sie sind ganz sicher, dass Sie eine bestimmte Blumenvase behalten wollen – doch was tut sie dann im Schlafzimmerschrank? Überprüfen Sie, ob Sie Ihren Besitz wirklich an sinnvollen Orten verstaut haben. Falls nicht, ordnen Sie Gleiches zu Gleichem und verstauen Sie Dinge möglichst dort, wo Sie sie finden und benutzen können.

DAS SECHS-KISTEN-PRINZIP

SECHS SAUBER BESCHRIFTETE UMZUGSKARTONS sind Ihre Joker beim Aussortieren. Für Dinge, die Sie wegwerfen wollen, halten Sie Müllsäcke bereit.

Reparieren
Defekte Dinge, die Sie behalten wollen, lassen Sie zeitnah reparieren. Wollen Sie selbst Hand anlegen, schieben Sie die Sache nicht auf die lange Bank!

Verschenken
In diese Kiste gehört alles, was Sie an Nachbarn, Freunde oder Verwandte verschenken wollen. Muten Sie ihnen jedoch nicht zu viel zu – und keine beschädigten Sachen.

Verkaufen
Die Kiste für Dinge, die Sie über Internet-Plattformen oder auf dem Flohmarkt verkaufen möchten. Bedenken Sie aber: Verkaufen macht viel Arbeit und kostet Zeit!

Umräumen
Hier landet alles, was Sie in einen anderen Raum verfrachten wollen. Überladen Sie die Kiste jedoch nicht, denn Sie wollen sich ja von überflüssigen Dingen befreien.

Vielleicht
Hier parken Sie Gegenstände, über deren Verbleib Sie noch mal in Ruhe nachdenken wollen. Achtung: Diese Kiste darf nicht zu voll werden!

Spenden
Diese Kiste ist der Behälter für alles, was Sie karitativen Organisationen zukommen lassen. Sobald die Kiste voll ist, bringen Sie den Inhalt zeitnah zum Empfänger.

Eine Frage des Stils
Wollen Sie sich von Schnellkäufen und Verlegenheitsgeschenken Ihren Einrichtungsstil verderben lassen? Stehen Sie zu Ihrem Geschmack – und trennen Sie sich vom Rest.

DIE 3 GROSSEN AUSREDEN

1 „Das kann ich irgendwann bestimmt nochmal gebrauchen!" Sei es der dritte Kartoffelschäler, die Studienunterlagen von vor 25 Jahren oder der alte Motorradhelm, obwohl Sie Ihre Maschine doch längst verkauft haben: **Dinge loszulassen macht vielen Menschen Angst.** Sie fürchten sich, eine falsche Entscheidung zu treffen, einen materiellen Verlust zu erleiden oder davor, wichtige Informationen zu verlieren.

Gegenstrategie: Werden Sie sich Ihrer Ängste bewusst, doch gehen Sie behutsam mit sich um. Visualisieren Sie in Momenten des Zögerns eine aufgeräumte, vom „Zuviel" befreite Wohnung. Sollten Sie tatsächlich einmal etwas Aussortiertes benötigen, hadern Sie nicht mit sich: Fast alles lässt sich erneut besorgen.

2 „Das hat mal Geld gekostet!" Ob teurer Designermantel oder billige Socken – nicht wie viel, sondern dass Dinge Geld gekostet haben, erschwert vielen Menschen das Loslösen von ihnen. Der Grund: **Wir identifizieren uns mit unserem Eigentum, leiten zumindest einen Teil unserer Identität daraus ab und glauben, dass viel Besitz uns Sicherheit gibt.**

Gegenstrategie: Denken Sie den Gedanken einmal zu Ende: Sind Sie ärmer, wenn Sie sich von einem ungetragenen Pullover lösen? Bekommen Sie Ihr Geld zurück, indem Sie ihn behalten, oder wird ein Fehlkauf dadurch weniger ärgerlich? Materieller Besitz, den Sie nicht nutzen, ist wertlos. Erleichtern Sie sich die Trennung, indem Sie Dingen eine letzte Chance geben und sich zwingen, sie zu benutzen. Merken Sie dabei, dass Sie nichts damit anfangen können, und ärgern sich vielleicht sogar über sie, können Sie sie ohne Bedenken weggeben.

3 „Das habe ich mal geschenkt bekommen!" Das langweilige Buch, der kitschige Deko-Hase, die selbst getöpferte Tasse – **Geschenke, die man weder braucht noch mag, verursachen schnell Schuldgefühle:** „Das war doch gut gemeint", „Jemand hat für mich Geld ausgegeben" etc.

Gegenstrategie: Überlegen Sie, ob nicht der Akt des Schenkens wichtiger ist als das Geschenk? Jemand wollte Ihnen eine Freude machen. Das geht nicht verloren, selbst wenn Sie das Geschenk aussortieren. Vielleicht lernen Sie, gleich beim Auspacken ehrlich zu reagieren, vor allem, wenn Sie den Schenkenden kennen. Wichtig: Finden Sie die richtigen Worte, etwa: „Ich bin gerührt, dass du an mich denkst. Aber ich bin mir nicht sicher, ob ich das je benutzen werde."

SAMMELSURIUM?

TÜRMEN SICH MITBRINGSEL wahllos im Regal, verlieren sie schnell an Bedeutung und sind bald nur noch lästige Staubfänger.

DIE LAST DER SOUVENIRS: Mitgebracht von diversen Urlauben, breiten sich Ansichtskarten, Schneekugeln, Tonkrüge, Holzteller, Motivtassen, Kühlschranksticker und Muschelschalen in Ihrer Wohnung aus. Sie belegen Regalflächen und Schreibtische, verstopfen Schubladen und Schrankfächer, passen nicht zusammen, fangen Staub und geben Ihnen das Gefühl, in einem Trödelladen zu wohnen. Und Sie? Können sich partout nicht von Ihren Erinnerungsstücken trennen, weil Sie fürchten, dass dann auch die Erinnerungen verloren gehen.

SAMMLUNG!

UM AN SCHÖNE ERLEBNISSE zurückzudenken, reicht es völlig, jeweils ein ausgewähltes Andenken zu behalten.

Ein Stein, der Sie an einen Strand, eine Wüste oder ein Gebirge erinnert, findet einen Platz in Ihrem Alltag, indem Sie ihn nicht irgendwo ablegen, sondern er **VERWENDUNG** als Briefbeschwerer oder Baddekoration findet.

Weniger ist mehr! Und finden ist besser als kaufen, weil es **PERSÖNLICHER** ist und Sie mehr beglückt.

AUCH OHNE STÜCKE KEINE LÜCKE – nicht die mitgebrachte Kuhglocke verankert die herrliche Bergwanderung in Ihrem Gedächtnis. Das Erlebnis an sich ist Teil Ihres Lebens. Wagen Sie den Versuch: Räumen Sie alle Souvenirs in eine Kiste und stellen Sie diese für ein paar Wochen in den Keller. Sind damit Ihre Urlaubserinnerungen ausgelöscht? Alternativ können Sie einer Sammlung von wenigen, besonders schönen Einzelstücken einen besonderen Platz einräumen. Es müssen nicht Dutzende Muscheln sein: Die Prächtigste kann für alle stehen.

Erst sammeln, dann sortieren
Liegen Gegenstände einer Kategorie nebeneinander, sehen Sie erst, wie viele Sie davon haben – und tun sich mit dem Aussortieren deutlich leichter.

IN KATEGORIEN AUSSORTIEREN

Heute der Kleiderschrank, morgen die Kommode und die Küchenschubladen? Nein! Die wichtigste Regel für effektives Aussortieren lautet: Gehen Sie nach Kategorien vor! Was das bedeutet, erfahren Sie hier.

CDs, Schuhe, Rucksäcke und Taschen, Bücher, Gläser und Pullover – nach solchen Kategorien können Sie vorgehen. Nehmen Sie sie sich nacheinander vor. So sehen Sie am besten, wie viele Sie von jeder Sorte besitzen – das erleichtert Ihnen das Loslassen.

Wintermäntel, Klebestifte und Topflappen – wer nach Kategorien vorgeht, behält nur so viele Dinge, wie er tatsächlich braucht – plus ein paar Lieblingsstücke. Nur so kann sich das Gefühl der „Tiefenreinigung" einstellen. So gehen Sie vor:

1 **Packen Sie** zunächst – buchstäblich – sämtliche Vertreter einer Kategorie auf einen Haufen. Beispiel „Schuhe": Stellen Sie alle Schuhpaare, die sich in der Wohnung, im Keller und im Abstellraum befinden, auf den Fußboden. Beispiel „Büromaterial": Legen Sie sämtliche Papiervorräte, Umschläge, Stifte, Locher, Mappen, Büroklammern etc. aus der gesamten Wohnung auf einen möglichst großen Tisch.

2 **Ordnen Sie** die Dinge zunächst nach Unterkategorien. Die Schuhe sortieren Sie in Winterschuhe, Sportschuhe, Sandalen, Pumps, Hausschuhe etc. – am besten getrennt nach Familienmitgliedern. Beim Büromaterial fassen sie jeweils alle Filz-, Bunt- und Bleistifte sowie Kugelschreiber, Fineliner etc. zusammen. Reduzieren Sie dann jede Unterkategorie auf die Anzahl von Lieblingsstiften, die Sie gut verstauen können.

3 **Nehmen Sie** jede dieser Unterkategorien genau unter die Lupe. Stellen Sie beispielsweise fest, dass Sie sehr viele Winterstiefel haben, sortieren Sie alle Paare aus, die Ihnen nicht mehr passen, nicht mehr gefallen oder abgetragen und kaputt sind. **Haben Sie dabei immer im Hinterkopf, wie viel – oder wenig – Platz Ihnen für Ihre Schuhe zur Verfügung steht und wie viele Sie problemlos verstauen können.** Analog verfahren Sie in Sachen Büromaterial: Verstauen Sie die übrig gebliebenen Stifte, Hefter, Locher etc. möglichst in einem einzigen Schrank. Verteilen Sie sie auf gar keinen Fall wieder auf all die Orte, an denen Sie sie zum Sortieren hervorgeholt haben. Das Ergebnis sollte ein gut sortierter, übersichtlicher Materialschrank sein, aus dem sich alle Familienmitglieder bedienen können.

ÄH, DANKE?

EINEM GESCHENKTEN GAUL ... Wenn andere ausmisten, kann das zum Problem werden.

Der Zweck heiligt nicht die Mittel: Wer **HÄSSLICHES** annimmt, ist sich selbst letztlich nichts Schöneres wert.

„DAS KANNST DU DOCH BRAUCHEN, ODER?" So bietet die Nachbarin ausrangierte Kinderkleidung an, die dem eigenen Nachwuchs leider noch viel zu groß ist. So klingt die Schwester, die nach ihrem Umzug keinen Platz mehr im Schrank hat. So spricht die Freundin, die sich von altem Modeschmuck trennt. Die Absicht ist klar, doch deshalb das Angebot brüsk ablehnen? Auch wenn es nett gemeint sein mag: Wer sich stets all jener Dinge erbarmt, die andere loswerden wollen, macht seine Wohnung unweigerlich zur Abstellkammer.

NEIN, DANKE!

... SCHAUT MAN BESSER INS MAUL. Keine Angst – eine freundliche Absage nimmt niemand übel.

Wer Klarheit in seinem Leben will, muss manchmal auch **KLARTEXT** reden. Lehnen Sie deshalb freundlich, aber bestimmt alle Geschenke ab, die Sie nicht brauchen können.

„NEIN, ICH SCHAFFE GERADE ORDNUNG!“ Das zu sagen, mag nicht leicht sein – sagen Sie es trotzdem. Verabschieden Sie sich von falscher Höflichkeit und nehmen Sie nur Dinge an, die Sie brauchen können oder haben wollen. Sie sollen ja niemanden vor den Kopf stoßen. Erklären Sie dem Freund oder Nachbarn, dass Sie sein Angebot schätzen, aber gerade dabei sind, sich von Dingen zu trennen. Diese Art von Sportsgeist sollte auch umgekehrt gelten: Wollen Sie jemandem etwas schenken und dieser lehnt ab, reagieren Sie ebenso verständnisvoll.

Schwere Entscheidung
Zu altmodisch für die Wohnung, zu schade für den Keller – aber sehr emotional besetzt? Bevor Erinnerungsstücke zur Last werden, ist Loslassen oft die bessere Lösung.

SICH TRENNEN KANN WEH TUN

Das Porträt eines geliebten Menschen, das antike Beistelltischchen, Omas wuchtige Bleikristallvase – nach dem Bestücken Ihrer Erinnerungskiste bleibt ein ansehnlicher Rest an Dingen, die ebenfalls mit Erinnerungen behaftet sind und die Sie am liebsten behalten würden. Doch entweder sind sie zu sperrig oder sie passen nicht zur Einrichtung. Auch für solche Härtefälle gibt es elegante Lösungen.

1 **Fotos machen:** Verabschieden Sie sich von nicht (mehr) genutzten Geschenken und Erbstücken – doch nicht ohne sie vorher zu fotografieren. Auf diese Weise entsteht während Ihres Wegs hin zur Schönsten Ordnung eine digitale Sammlung von Erinnerungen, die Ihnen das Weggeben erleichtert. Am Ende kann daraus vielleicht sogar ein individuell gestaltetes Fotoalbum werden.

2 **Auslagern:** Sammeln Sie Dinge, von denen Sie sich nicht trennen können, in einem Umzugskarton, stellen Sie diesen probeweise in den Keller und machen Sie sich eine Notiz im Kalender. **Haben Sie nach einem halben Jahr nichts wirklich vermisst, geben Sie die Kiste bei einer karitativen Organisation ab** – ohne sie noch einmal zu öffnen. Vermissen Sie dagegen etwas, holen Sie es wieder heraus und behalten es.

3 **Verschenken:** Überlegen Sie, wer aus Ihrer Familie, aus Ihrem Freundes- oder Kollegenkreis sich über einen bestimmten Gegenstand freuen oder ihn gebrauchen könnte? Sie werden sehen – der Trennungsschmerz wird kleiner, wenn Sie Dinge jemandem schenken, der sie zu schätzen weiß.

4 **Hilfe holen:** Können oder wollen Sie die Entscheidung nicht allein treffen, bitten Sie einen Freund, jemanden aus Ihrer Familie oder einen professionellen Aufräumcoach um Hilfe. Mit einem Menschen Ihres Vertrauens zu sprechen kann eine Entscheidung erleichtern.

5 **Vertagen:** Vertagen Sie die Entscheidung um ein paar Tage, wenn Sie der Gedanke, etwas möglicherweise wegzugeben, zu sehr quält. Manchmal liegt es nur an der persönlichen Tagesform, wenn man sich nicht entscheiden kann.

6 **Visualisieren:** Führen Sie sich die Situation oder den Moment, in dem ein bestimmter Gegenstand in Ihr Leben kam, noch einmal vor Augen. Sie werden spüren, dass die damit verbundene Erinnerung in Ihnen ist und wertvoll bleiben wird – auch, wenn Sie den Gegenstand loslassen.

WEG DAMIT – ABER WOHIN?

Jetzt haben Sie eine Menge aussortierte Sachen zu Hause stehen und wissen in der Theorie auch, was Sie damit anstellen wollen – schon drängt sich die Frage auf, wie Sie das praktisch anstellen. Denn ewig lang im Flur stehen lassen – Sie wissen schon.

Am besten ist es, wenn Sie sich bereits vor Beginn des Aussortierens überlegen, was Sie mit der „Ernte" anfangen wollen. Wo lassen sich Dinge verkaufen, wo reparieren? Was genau wollen Sie wem schenken beziehungsweise spenden? Und wo können Sie kaputten, sperrigen und eventuell umweltschädlichen Krempel korrekt entsorgen?

Spenden

Wofür geeignet? Spenden ist nur für intakte Dinge sinnvoll, die andere Menschen noch nutzen können – seien es Bücher, Hausrat oder Kleidung. Kleider und Schuhe sollten sauber sein.

Wie geht das? Wer in Ihrer Umgebung Sachspenden annimmt, erfahren Sie auf der Seite wohindamit.org. Geben Sie Kategorie und Postleitzahl ein – und lassen Sie sich Organisationen anzeigen. Klären Sie telefonisch, was und wie viel Sie hinbringen können.

Extra-Tipp: Geben Sie möglichst ganze Kisten oder Kartons mit Spenden ab. Räumen Sie diese vor Ort nur aus, wenn Sie von der Spendenorganisation darum gebeten werden.

Verschenken

Wofür geeignet? Ausrangierte Bücher, Möbel und Hausrat zu verschenken ist eine unkomplizierte Art, sie loszuwerden, jedoch nur, wenn diese noch funktionieren – es sei denn, Sie beschenken einen Bastler.

Wie geht das? Bieten Sie Verwandten, Freunden und Bekannten geeignete Dinge an und lassen Sie diese zeitnah abholen. In manchen Gegenden ist es üblich, brauchbare Dinge im Hausflur oder in einer Kiste auf der Straße abzustellen.

Extra-Tipp: Auch z. B. über ebay-Kleinanzeigen.de, Shpock.de und nebenan.de lassen sich Dinge verschenken. Umsonst-Läden in der Nähe finden Sie auf alles-und-umsonst.de.

Verkaufen

Wofür geeignet? Wer Zeit und Lust hat, verkauft Möbel, Babykleidung oder antiken Hausrat auf dem Flohmarkt. Das macht jedoch Arbeit – und bedarf eventuell mehrerer Versuche.

Wie geht das? Mieten Sie einen Stand auf einem passenden Flohmarkt und präsentieren Sie Ihr Angebot! Mehr als ein paar Euro pro Stück sind meist nicht drin. Eine Alternative sind Online-Verkaufsplattformen. Recherchieren Sie vorher, was vergleichbare Dinge kosten.

Extra-Tipp: Gut erhaltene Kleider können Sie Secondhand-Laden anbieten. Viele Läden kaufen diese jedoch nicht an, sondern zahlen Ihnen bei erfolgreichem Verkauf eine Provision.

Reparieren

Wofür geeignet? Wenn Föhn, Mixer oder Radio nicht mehr funktionieren, liegt es oft nur an einem winzigen Defekt, der sich relativ leicht reparieren lässt.

Wie geht das? Viele Städte und Gemeinden bieten im Internet „Reparaturführer" an, in denen Handwerksbetriebe und Fachgeschäfte aufgelistet sind. Eine Reparatur kostet zwar Geld, ist jedoch ökologisch deutlich sinnvoller als ein Neukauf.

Extra-Tipp: Vielerorts werden regelmäßig so genannte Repair-Cafés veranstaltet, zu denen man sich anmelden und kaputte Gegenstände gemeinsam mit kundigen Ehrenamtlichen auf Spendenbasis reparieren (lassen) kann.

Wegwerfen

Wofür geeignet? Irgendwann ist (fast) jedes Ding kaputt. Ist Reparieren zu teuer oder nicht möglich und findet sich kein Liebhaber zum Verschenken, bleibt nur der Weg in den Müll (siehe auch S. 58/59).

Wie geht das? Kleinere Gegenstände lassen sich über den Restmüll entsorgen, Sperriges und Recycelbares gehört auf den Wertstoffhof. Viele Städte und Gemeinden holen Sperrmüll gegen Gebühr ab. Die App eSchrott weist den Weg zur nächstgelegenen Sammelstelle für Elektronik-Altgeräte.

Extra-Tipp: Entsorgen Sie Müll nach jeder Etappe des Aussortierens möglichst zeitnah – vom Abwarten wird er nicht schöner …

SPENDEN UND VERSCHENKEN

Ausrangierte Sachen kostenlos abzugeben hat einen großen Vorteil: Der Aufwand beim Spenden und Verschenken ist relativ gering. Vereinfacht gesagt, besteht die schwierigste Aufgabe darin, Abnehmer zu finden. Anschließend heißt es, die aussortierten Sachen zu verpacken und zum Empfänger zu transportieren oder im Idealfall von diesem abholen zu lassen.

Container nicht gleich Container

Kleidung und Schuhe spenden – dafür gibt's Sammelcontainer! Was jedoch viele nicht wissen: Längst nicht alle Container-Aufsteller lassen die Kleidung tatsächlich Bedürftigen zukommen. Viele verkaufen gut erhaltene Kleidung zum Kilopreis an Second-Hand-Läden im In-und Ausland. Minderwertige Ware landet nicht selten auf südamerikanischen, asiatischen oder afrikanischen Märkten und bedroht dort die lokale Textilindustrie: Weber, Schneider und Händler verlieren ihre Existenzgrundlagen. Der Wille der Spender wird so ad absurdum geführt: Statt den Armen zu helfen, ist jedes gespendete Kleidungsstück ein weiterer Beitrag zur Verarmung ganzer Bevölkerungsschichten. Entsorgen Sie Ihre gebrauchte Kleidung deshalb nur in Containern und Sammelstellen, die zum Dachverband gemeinnütziger Altkleidersammler gehören. Eine Liste dazu finden Sie auf der Webseite des Fachverbandes FairWertung unter www.fairwertung.de.

Direkt spenden als Alternative

Besser, als aussortierte Kleider in den Container zu werfen ist es, sie persönlich abzugeben. Sind sie gut erhalten, kommen verschiedene Anlaufstellen in Frage.

So verteilen die über 800 Kleiderkammern in Deutschland gespendete Kleidung direkt an Obdachlose, Hartz-IV-Empfänger, Geflüchtete und andere Bedürftige. Träger der Kleiderkammern sind Organisationen wie Deutsches Rotes Kreuz, Caritas oder die örtliche Stadtmission. Adressen lassen sich im Internet ermitteln. Rufen Sie jedoch unbedingt vorher an und fragen Sie, an welchen Dingen gerade Bedarf besteht.

Eine weitere Anlaufstelle sind Sozialkaufhäuser. Träger sind in der Regel Wohlfahrtsverbände, Kirchen oder Sozialämter. Hier kann jeder – unabhängig von seinem Einkommen – besonders günstig einkaufen. Neben Kleidung gibt es auch Möbel, Geschirr und andere Haushaltswaren.

Auch die internationale Nothilfe- und Entwicklungsorganisation Oxfam nimmt in ihren über 50 deutschen Filialen saubere und unbeschädigte Kleider entgegen – außerdem Schuhe, Bücher, Tonträger, Haushaltsgegenstände, Spielzeug und mehr. Ehrenamtliche Mitarbeiter verkaufen die Sachen dann an Interessenten. Mit dem Geld werden Partnerorganisationen in Afrika und Asien unterstützt und Projekte in Deutschland gefördert. Infos unter www.oxfam.de.

Extra-Tipp: Auch andere soziale Einrichtungen sammeln Kleider und Schuhe, darunter die Arbeiterwohlfahrt (AWO), Bahnhofsmissionen und Notunterkünfte. Rufen Sie in jedem Fall vorher an, ob und was gerade gebraucht wird.

Verschenken – nicht zuschütten

Wollen Sie Dinge an Verwandte, Freunde oder Bekannte verschenken, erstellen Sie zunächst eine Liste und starten sie dann eine Umfrage. Oberste Regel: Längst nicht alles, was Ihnen geeignet erscheint, ist tatsächlich erwünscht. Damit nicht genug: Selbst wenn sich jemand bereit erklärt, Ihnen Sachen abzunehmen – so lange diese bei Ihnen herumstehen, ist nichts gewonnen. Lassen Sie die Sachen deshalb möglichst bald vom Beschenkten abholen, um sich aufwändige Wege zu ersparen. Droht die Sache in Vergessenheit zu geraten, bringen Sie die Sachen selbst vorbei.

Abnehmer suchen per Mausklick

Eine beliebte Möglichkeit, Sachen per Internet loszuwerden, ist das Verschenken über Online-Marktplätze wie Ebay-Kleinanzeigen. Hier gibt es für kostenlose Angebote sogar eine eigene Rubrik. Wer noch nicht registriert ist, kann das mit wenigen Mausklicks am Rechner oder per Smartphone-App erledigen. Angebote lassen sich erstellen, indem man den Gegenstand kurz beschreibt und ein oder mehrere Fotos davon hochlädt. Um keine Arbeit mit dem Versenden zu haben und sich ständiges Telefonklingeln zu ersparen, vermerken Sie in der Anzeige, dass das Angebot für Selbstabholer gilt und geben Sie lediglich Ihre E-Mail-Adresse an.

Auch auf alles-und-umsonst.de können Sie kostenlos Dinge einstellen. Die Betreiber der Webseite wollen ein Zeichen gegen die Konsum- und Wegwerfgesellschaft setzen.

Falls erlaubt: „Quick and dirty"

Eine weitere Möglichkeit: Packen Sie aussortierte, aber noch brauchbare Dinge in eine stabile Kiste und stellen Sie diese mit einem „Zu verschenken"-Schild auf die Straße. Achten Sie darauf, dass die Kiste nicht im Weg steht und unter einem Sims, Balkon oder Dachvorsprung vor Regen geschützt ist. Entsorgen Sie nach ein bis zwei Tagen die Dinge, die noch übrig sind.

Ist es bei Ihnen so üblich, können Sie eine solche Kiste auch im Eingang oder Innenhof Ihres Miet- oder Mehrfamilienhauses aufstellen. Auch hier gilt: Gegenstände, die nach zwei Tagen nicht weg sind, nimmt auch keiner mehr.

AB IN DEN MÜLL?

AUSSORTIERTES WEGZUWERFEN erspart einem zwar Aufwand, ist jedoch das Gegenteil von nachhaltig.

Dass sich Möbel, Kleidung und Spielzeug oft nicht mehr verkaufen lassen, ist kein Grund, sie wegzuwerfen. Mit ein wenig **MÜHE** findet sich immer jemand, der die Sachen kostenlos übernimmt.

BEIM AUSSORTIEREN WERDEN SIE auf zahlreiche Dinge stoßen, die Sie nicht mehr brauchen. „Ab in den Müll damit!“, werden Sie vielleicht denken. Das geht schnell und Sie haben die Sache erledigt. Diese Art der Entsorgung ist vielleicht bequem – nachhaltig ist sie nicht.

Auf diese Weise landen wertvolle Rohstoffe im Abfall, und Gegenstände, die vielleicht noch jemand brauchen könnte, werden vernichtet. Außerdem kann es sich schmerzhaft anfühlen, dass Dinge, die Ihnen einmal etwas bedeutet haben, jetzt in der Müllpresse landen sollen.

FREUDE VERSCHENKEN!

„NEU" ODER „WIE NEU": Der Unterschied ist vielen Menschen egal. Ganz nebenbei tun Geber und Empfänger etwas für die Umwelt.

Schrauben nachziehen, das Obermaterial imprägnieren, den Klettverschluss ersetzen und die Kufen abschleifen lassen – oft wird vermeintlich Kaputtes mit ein paar **HANDGRIFFEN** wieder brauchbar.

WAS NICHT BESCHÄDIGT IST und noch funktioniert, sollten Sie spenden oder verschenken. Sie werden sehen: Das Aussortieren und Weggeben fällt leichter, wenn Sie wissen, dass die Dinge noch Verwendung finden und jemandem Freude bereiten. Informieren Sie sich im Internet, z. B. auf wohindamit.org, welche Organisationen in Ihrer Nähe Sachspenden annehmen oder verschenken Sie Brauchbares über Auktions- und Nachbarschaftsportale im Internet. Defekte Sachen, die wertvolle Rohstoffe enthalten, geben Sie auf einem Wertstoffhof ab.

WOHIN MIT DEM ABFALL?

Verkaufen, verschenken, spenden – alles Fehlanzeige? Sachen, die Sie nach dem Aussortieren übrigbehalten, wandern wohl oder übel in die Tonne. Doch Müll ist nicht gleich Müll. Achten Sie beim Entsorgen darauf, dass so viel wie möglich recycelt wird, und tragen Sie zu einem verantwortungsvollen Umgang mit Ressourcen bei.

Da sich die Bestimmungen je nach Gemeinde unterscheiden, schauen Sie sich im Internet die für Sie geltenden Regelungen an. Sie finden Sie unter dem Stichwort „Abfallwirtschaft" und Ihrem Wohnort. Hier die wichtigsten Tipps, die immer gelten:

1. Papier

Ob Tageszeitung, Pappverpackung oder Hochglanzpapier – bedrucktes und unbedrucktes Papier gehört in die Papiertonne. Größere Mengen geben Sie auf dem Wertstoffhof gegen Gebühr ab. Heftklammern aus Metall und Sichtfenster aus Plastikfolie gehören nicht ins Altpapier, sondern in den Restmüll – wie Ordner und Klarsichthüllen.

2. Bücher

Sind Bücher kaputt oder sehr schlecht erhalten und lassen sich deshalb nicht mehr verschenken oder spenden, gehören auch sie ins Altpapier.

3. Kunststoffe

Handelt es sich um Plastikverpackungen, kommen sie in die Gelbe beziehungsweise Orangene Tonne oder den Gelben Sack. Achtung: Alte VHS-Kassetten gehören in den Restmüll!

4. Hartplastik

Kunststoffgartenmöbel, Kinderspielzeug und ähnliche Sachen sind recycelbar und sollten deshalb auf dem Wertstoffhof abgegeben werden.

5. CDs, DVDs und BluRays

Die silbrig glänzenden Tonträger bestehen aus Polykarbonat, einem hochwertigen recycelbaren Grundstoff, der wieder zu Datenträgern verarbeitet werden kann. Deshalb sollten sie bei Wertstoffhöfen abgeben werden. Sind vertrauliche Daten darauf gespeichert, machen Sie sie durch tiefe Kratzer auf der unbedruckten Seite unlesbar.

6. Altglas

Leere Flaschen und Gläser sollten in Altglas-Containern landen. Trennen Sie nach Weiß-, Grün- und Braunglas. Buntes Glas gehört in den Container für Grünglas. Wichtig: Trinkgläser, (Blei-)Kristall, Spiegel- und Fensterglas sowie Gegenstände aus Keramik,

Steingut und Porzellan kommen in den Restmüll oder auf den Sperrmüll.

7. Leuchtmittel

Glühbirnen können Sie in den Restmüll werfen. LED- und Kompaktleuchtstofflampen sowie Leuchtstoffröhren sind separat zu entsorgen – auf einem Wertstoffhof oder einer Sammelstelle im Handel. Auf der Website der Organisation Lightcycle finden Sie Sammelstellen in Ihrer Nähe.

8. Batterien und Akkus

Leere Batterien geben Sie in einem Super- oder Drogeriemarkt in der dafür vorgesehenen Box oder auf dem Wertstoffhof ab.

9. Farbe, Lacke, Lösungs-, Pflanzenschutz- und Putzmittel etc.

Derartige Substanzen sind als Sondermüll beim Wertstoffhof oder einem Schadstoffmobil abzugeben. Termine und Haltestellen der Giftmobile finden Sie auf der Website des zuständigen Abfallwirtschaftsbetriebs.

10. Nicht mehr tragbare Kleider

Kaputte oder verschlissene Kleider und Schuhe gehören in den Restmüll, größere Mengen auf den Wertstoffhof.

11. Elektrogeräte

Altgeräte muss der Einzelhandel im Zug eines Neukaufs zurücknehmen. Entsorgen Sie lediglich ein Altgerät, gehört dieses auf den Wertstoffhof oder wird nach Anmeldung als Sperrmüll abgeholt.

12. Handys

Mobiltelefone – auch kaputte – lassen sich spenden. Unter handysammelcenter.de finden Sie das Angebot von Deutscher Telekom und Teqcycle. Der Naturschutzbund Deutschland (NABU) bietet mit Telefónica (O2) eine Entsorgungsmöglichkeit an, von der die Umwelt profitiert. Wer sein altes Handy über eine der 440 Sammelstellen (zum Teil in dm-Drogeriemärkten) oder per kostenlosem Retourenschein zum Recyceln einschickt, spendet pro Gerät 1,60 Euro an das Projekt „Renaturierung der Havel".

13. Verdorbene Lebensmittel

Je nach Kommune gehören verdorbene Lebensmittel in den Restmüll oder – außer Fleisch und Fisch – in die Biotonne.

14. Abgelaufene Medikamente

Wenn Sie Medikamente aussortieren, entsorgen Sie diese nicht in der Toilette oder im Ausguss! Auf diese Weise besteht die Gefahr, dass darin enthaltene Substanzen ins Grund- und Trinkwasser übergehen. Werfen Sie Medikamente in den Restmüll, sofern dieser vollständig verbrannt wird. Fragen Sie im Zweifel beim zuständigen Entsorger nach. Variante drei: Sie bringen die Medikamente zurück in eine Apotheke, die sie für Kunden entsorgt.

Freie Arbeitsflächen in der Küche, das Schlafzimmer ein einladender Ort der Erholung und ein Esstisch, der zu Geselligkeit einlädt – wäre es nicht schön, wenn es bei Ihnen immer so aussehen würde? Erfüllen Sie sich Ihre Wünsche! In diesem Kapitel finden Sie Aufräumideen und Ordnungstipps für jeden Raum.

RAUM FÜR RAUM
MEHR ORDNUNG
UND KLARHEIT

WENIGER IST MEHR: VOM ÜBERFLUSS ZUM ÜBERDRUSS

Was haben Franz von Assisi und Hans im Glück gemeinsam? Sie freuten sich über das Weniger an materiellem Besitz und erlebten das Glück einer Befreiung.

Bescheidenheit und bewusster Verzicht sind alte Tugenden. Heute sprechen viele von Minimalismus, also dem Versuch, mit einem Mindestmaß an Besitz und Konsum auszukommen. In aller Munde ist auch „Downshifting" – also weniger Arbeit und mehr Zeit für sich selbst.

Die Schönste Ordnung ist Teil dieses Wertewandels. Sie zeigt Ihnen, wie Sie durch den Prozess des Aussortierens und Neuordnens ein leichteres, klareres, entspannteres – vielleicht sogar ein glückliches Leben führen können.

Widersprüchliches Verhalten

Warum kaufen wir uns einen sündhaft teueren Mantel und greifen kurz danach zum günstigsten Käse? Warum muss es ein SUV mit Top-Ausstattung sein, aber die billige Tiefkühlpizza? Offenbar ist unser Verhältnis zu Konsum und Besitz ziemlich kompliziert.

Während wir noch versuchen, uns mit Spontankäufen zu belohnen und mit Frustkäufen zu trösten, spüren wir immer wieder, dass das nicht funktioniert. Kaum zu Hause, wird uns klar, dass wir die dritte Sonnenbrille, die zehnte Handtasche oder die zwanzigste Bluse eigentlich nicht brauchen.

Mit weniger leben lernen

Soziologen und Historiker beschäftigen sich schon länger mit der Frage, wann und wie unsere westliche Gesellschaft zur Konsumgesellschaft wurde. In Westeuropa hat sich diese nach dem Zweiten Weltkrieg herausgebildet, in den USA bereits zwischen den beiden Weltkriegen.

Fest steht: Das Konsumieren aus (vermeintlichem) Spaß an der Freude ist ein relativ junges Phänomen. Erst seit etwa zwei Generationen leben Teile der Welt im Überfluss. Zuvor war der Mensch mehr als 7 500 Generationen lang damit beschäftigt, gegen den Mangel anzukämpfen. Heute beherbergt jeder europäische Haushalt im Schnitt rund 10 000 Dinge. Dieser Überfluss wird für viele zum Überdruss.

Nachhaltigkeit und Einfachheit

In dem Maß, in dem wir begreifen, dass Besitz unser Leben nicht reicher macht, treten andere Werte in den Vordergrund –

etwa nachhaltiges Handeln und bewusste Einfachheit. Soziologen bezeichnen Vertreter eines gesunden, nachhaltigen Lebensstils als „Lohas" („Lifestyle of Health and Sustainability") und Menschen, die sich der freiwilligen Einfachheit verschrieben haben, als „Lovos" („Lifestyle of voluntary simplicity"). Anders als den Lohas geht es Lovos nicht nur darum, bewusster zu konsumieren, sondern darum, insgesamt weniger Ressourcen zu verbrauchen.

Teilen, tauschen, schenken

Zwei weitere Entwicklungen begünstigen das Streben nach dem „Weniger". Der erste ist die fortschreitende Digitalisierung: Was früher Regale füllte, wird zur Datei oder lässt sich streamen. Die zweite Entwicklung ist die Sharing Economy – also das Prinzip, Alltagsgegenstände, Unterkünfte und Autos nicht zu kaufen, sondern mit anderen zu teilen. Internet-Plattformen wie Erento.de und miet24.de bieten fast alles an, vom Wohnmobil über Werkzeuge bis hin zu Mode und Elektrogeräten. Auch Tausch- und Schenkbörsen unterstützen diesen Trend.

Besitzstreben kann krank machen

Obwohl ihr Lebensstandard steigt, erkranken immer mehr Menschen an Depressionen. Einiges spricht dafür, dass ihr Konsumverhalten einen Anteil daran hat. Zeigt man zufällig ausgewählten Personen Fotos von Luxusgütern, fühlt sich ein Teil niedergeschlagen und unzufrieden mit sich. Diese Teilnehmer beschreiben ein diffuses Gefühl, dass Ihnen etwas fehle – also das, was sich Marketingexperten wünschen, wenn sie Bedürfnisse wecken wollen. Auch sorgen sich die Probanden verstärkt um ihren sozialen Status, ihr Einkommen und ihre Beliebtheit.

Erst Glücksgefühl, dann Leere

Doch warum hängen wir so an Konsum und Besitz? Untersuchungen deuten darauf hin, dass unser evolutionäres Erbe zumindest eine Mitschuld trägt. So aktiviert der Anblick von Shopping-Malls und reduzierter Ware einen entwicklungsgeschichtlich alten Bereich in unserem Gehirn: das Belohnungssystem. Dort werden dann die Hormone Dopamin und Serotonin ausgeschüttet – auch als Glückshormone bekannt.

Allerdings stellt sich bereits nach kurzer Zeit ein Gefühl von Leere ein. Dieser Ablauf ähnelt Suchtmechanismen, und tatsächlich gilt Kaufzwang als eine Sucht.

Immer mehr Menschen sehnen sich nach Befreiung und Unbeschwertheit, wie sie Franz von Assisi und Hans im Glück erlebten. Franz löste sich von seiner reichen Familie, lebte in Armut und gründete einen Orden. Hans tauschte seinen Goldklumpen gegen ein Pferd, dieses gegen eine Kuh, die Kuh gegen eine Gans, die Gans gegen einen Schleifstein – und war froher als zuvor. Nun stehen wir vor der Aufgabe, unser Glück im Weniger zu finden.

Alles im Griff
Aufgeräumt, sauber und gepflegt – so stellen sich die meisten Menschen die perfekte Küche vor. Was viele nicht wissen: Mit einem cleveren Plan und etwas Übung kann das jeder!

DIE KÜCHE

Neben dem Wohnzimmer ist die Küche der meistgenutzte Raum. Befindet sich hier der Esstisch, wird an ihm nicht nur gegessen, sondern auch gelesen und gearbeitet. Die Erwachsenen sitzen am Laptop oder erledigen die Post, die Kinder basteln oder machen hier ihre Hausaufgaben. Entsprechend kunterbunt sieht es oft aus.

Wer immer zuerst Sachen beiseite räumen muss, um Platz zum Schnippeln zu haben, reduziert sein Repertoire bald auf ein Minimum – oder greift gleich zum Fertiggericht. Das ist schade – und im Fall von Convenience-Food auf Dauer sogar ungesund. **Die gute Nachricht: Mit ein paar Handgriffen und neuen Gewohnheiten ist schnell Gemütlichkeit hergestellt.** Kochen soll schließlich Spaß machen und die Küche ein Ort der Geselligkeit sein. Schauen Sie sich einmal mit kritischem Blick in Ihrer Küche um und achten Sie auf die folgenden Dinge:

Schränke und Schubladen: Wie voll mit Geschirr, Gläsern, Besteck, Vorräten und Putzmitteln sind ihre Küchenmöbel wirklich? Und was benutzen Sie davon tatsächlich regelmäßig? Seien Sie ehrlich zu sich selbst – und trennen Sie sich von Unwichtigem.

Fensterbank: Kräutertöpfe, Deko, Küchenradio und ein kleiner grüner Kaktus – tummelt sich auf Ihrer Fensterbank auch alles, was anderswo keinen Platz fand? Abgesehen vom Gesamteindruck gibt es noch einen weiteren Grund, die Fensterbank freizuhalten: Nur, wenn sich das Küchenfenster richtig öffnen lässt, können Kochdünste entweichen und neue, frische Luft hereinströmen.

Küchengeräte: Mixer, Espressokocher und Küchenmaschine sind wirklich praktisch – aber sie stellen Ihre Arbeitsflächen voll, auf der sich ohnehin bereits Brotkasten, Kochutensilien und Ölfläschchen drängeln. Werden diese Geräte selten benutzt, sollten Sie sie besser verstauen und nur bei Gelegenheit hervorholen. So haben Sie mehr Platz – und müssen sie nicht regelmäßig von Fettspritzern und Staub befreien.

Altglas und Altpapier fällt in jedem Haushalt an. Geben Sie sich einen Ruck und entsorgen Sie es einfach täglich morgens – oder zumindest bevor sich größere Stapel bilden und es ein echter Aufwand wird.

Kühlschrank oder Geschirrspüler dienen oft als Magnet-Pinnwand. Aber welche Termine, Flyer und Fahrpläne sind noch aktuell? Einmal aussortiert, haben Sie gleich mehr Übersicht.

HINTERER RANG?

WAS IM REGAL NICHT VORN STEHT, bleibt ungenutzt. Von der finsteren Verbannung ist es dann nur ein Schritt ins völlige Vergessen.

Was einmal nach hinten rutscht, bleibt in vielen Fällen auch **HINTEN** stehen und wird im Lauf der Zeit vergessen.

Wer seine Regale **LÜCKENLOS** vollstopft, muss sich nicht wundern, wenn er an vieles nicht herankommt.

DER FLUCH DER ZWEITEN REIHE: Wer Gläser, Teller und Tassen wahllos ins Regal stellt, findet bald kaum noch etwas. Wenn doch – wer holt schon gern die Keksdose jedes Mal hinter dem Essgeschirr hervor? Und was für Geschirr gilt, gilt auch für den Kühlschrank: Wer hat schon Lust, hinter Käsebox und Räucherlachs nach der Marmelade zu suchen? Jedes Mal den halben Schrank zu leeren, um an Sachen heranzukommen, ist lästig und mühevoll. So fristen diese ihr Schattendasein, bis sie abgelaufen sind – oder sie ein Zufall ans Licht bringt.

LOGENPLÄTZE!

SCHLUSS MIT VERSTECKSPIELEN! Entweder ist am Frontstück zu erkennen, was in der Reihe steht – oder Sie schaffen freie Sicht.

Wer wenig Platz hat, schließt sinnvolle **KOMPROMISSE** – Trinkgefäße in eine Reihe oder kleine Sachen vor große.

REIHEN MIT SYSTEM. Verstauen Sie in Küchenschränken grundsätzlich nur Dinge hintereinander, die zusammen gehören, nach dem Prinzip „Gleiches hinter Gleichem". Das bedeutet: Wein- und Wassergläser gehören in jeweils eigene Reihen, genauso Teller und Tassen – und zwar so, dass das Frontstück anzeigt, was weiter hinten steht. Bei sehr wenig Platz räumen Sie größere Dinge, die Sie seltener brauchen, hinter kleinere Sachen, die Sie oft benutzen – also etwa tiefe Teller hinter das Frühstücksgeschirr. So können Sie sie noch sehen.

Gründliche Inventur
In vielen Haushalten sammeln sich im Lauf der Zeit verschiedenste Gläser an – wie viele es tatsächlich sind, sieht man erst, wenn alle auf dem Tisch stehen.

KLAR SCHIFF IN 6 SCHRITTEN

Sie wissen wahrscheinlich gar nicht, was sich in Ihrer Küche alles angesammelt hat – geschweige denn, ob Sie alle diese Dinge brauchen. Los geht's: Trennen Sie die Spreu vom Weizen – mit System!

1 Kategorien bilden: **Je nach Zeitbudget nehmen Sie sich eine oder mehrere der folgenden Kategorien vor:** Gläser, Becher und Tassen, Teller, Besteck und Küchenhelfer, Schüsseln und Schalen, Töpfe, Pfannen, Auflauf- und Backformen, Backutensilien, Kannen und Flaschen, Aufbewahrungsdosen, Küchengeräte, Geschirrhandtücher, Topflappen und Schürzen, Folien, und Tüten, Putzmittel und Putzlappen, Kleinkram. Berücksichtigen Sie auch Gegenstände, die sich in anderen Räumen oder im Keller befinden.

2 Überflüssiges aussortieren: **Stellen Sie alle Dinge einer Kategorie auf einen großen Tisch und bilden Sie Unterkategorien, zum Beispiel Wein-, Bier- und Wassergläser.** Sortieren Sie nun alles nach den fünf Aufräumfragen (siehe S. 39) und dem Sechs-Kisten-Prinzip (siehe S. 40/41).

3 Schränke auswischen: **Reinigen Sie Schränke, Regale und Schubladen gründlich mit einem feuchten Lappen und einer Lösung aus lauwarmem Wasser und einem Spritzer Neutralreiniger.** Für Schränke, in denen Lebensmittel lagern, fügen Sie dem Wasser etwas Essigreiniger hinzu. Lassen Sie dann alles gut austrocknen.

4 Sachen einräumen: Verstauen Sie übrig gebliebenes Geschirr nach den auf Seite 66/67 sowie 88/89 beschriebenen Prinzipien. Oberste Regel: Alles sollte an einem sinnvollen Platz gut sichtbar verstaut und möglichst mit einem Handgriff herauszunehmen sein.

5 Vorräte sichten: Jetzt zu Ihren Vorräten: **Sortieren Sie alles aus, was lange abgelaufen ist, Ihnen nicht schmeckt oder was Sie nicht mehr brauchen.** Unbenutzte, aber noch haltbare Lebensmittel können Sie zum Beispiel einer „Tafel" in Ihrer Nähe spenden. Haben Sie regelmäßig viel übrig, verändern Sie Ihr Einkaufsverhalten und Ihre Vorratshaltung. Wichtig: Viele Lebensmittel, deren Mindesthaltbarkeitsdatum abgelaufen ist, können Sie noch verwenden (siehe S. 82/83).

6 Kleinteile verstauen: Je nachdem, wie viel es pro Kategorie zu verstauen gibt: **Kaufen Sie nach dem Aussortieren passende Boxen für Kleinteile, die Sie im Schrank unterbringen wollen.** Dazu gehören Zubehör für die Küchenmaschine und Einsätze für Reiben.

VORTEILSPACK?

MEHR INHALT FÜRS GELD: Nur zu gern nehmen wir „Geschenke" mit – und werden zu Opfern einer raffinierten Verkaufspsychologie.

Wer zu große Mengen an Lebensmitteln kauft, muss meist einen Teil davon wegwerfen. Das ist weder **NACHHALTIG** noch ökonomisch! Für Kleidung, Elektrogeräte, Autos gilt: Besser länger nutzen, als oft neu kaufen!

MEHR INHALT, MEHR SPAREFFEKT. „Drei kaufen – zwei zahlen", „20 Prozent mehr Inhalt", „Jetzt im XXL-Pack" – mit Gratiszugaben, Familienpackungen und anderen „unschlagbaren" Angeboten locken uns findige Händler. Und wir? Mutieren im Rekordtempo vom mündigen Verbraucher zum willenlosen Schnäppchenjäger. Kaufen Dinge, die wir oft nicht einmal benötigen. Außerdem fehlt uns der Platz für Maxigrößen und Doppelpacks. Während wir mehr Geld ausgeben als geplant, glauben wir kurioserweise, wir hätten welches gespart.

PREISVORTEIL!

WER WENIG PLATZ HAT und nichts wegwerfen will, kauft auch im Sonderangebot nur so viel, wie er braucht.

Ist genügend Platz im Vorrats- oder Gefrierschrank, ist ein **VORRAT** an Grundnahrungsmitteln wie Reis, Nudeln, Gemüse etc. sinnvoll.

BEVOR SIE DAS NÄCHSTE MAL in die Schnäppchenfalle tappen, fragen Sie sich: Brauche ich dieses Produkt wirklich? Und falls ja, brauche ich es in so großer Menge? Machen Sie sich bewusst, dass Sie für alle diese Schnäppchen vermutlich gar keinen Platz haben – und gerade drauf und dran sind, Ihr Platzproblem weiter zu verschärfen. Tatsache ist: Für die sechs Senfgläser oder fünf T-Shirts im Angebot geben Sie mehr Geld aus als für das eine, dass Sie tatsächlich benötigen – und bei dessen Kauf Sie tatsächlich sparen.

WENN'S IN DER KÜCHE NICHT MEHR RUND LÄUFT ...

Als die Wiener Architektin Margarete Schütte-Lihotzky 1926 den Urtyp unserer modernen Einbauküche entwarf, war das nichts weniger als eine Revolution: Die „Frankfurter Küche" war kompakt gehalten, ansprechend gestaltet und dennoch funktional wie ein Arbeitsplatz in der Industrie. Wichtige Dinge sollten mit einem Handgriff erreichbar sein, Möbel und Geräte so angeordnet, dass die Wege möglichst kurz waren. Mit anderen Worten: Die Arbeit konnte viel schneller erledigt werden.

Um Zeitersparnis geht es auch heute in der Küche: Kaum jemand will Stunden an Herd oder Spülbecken verbringen. Muss er auch nicht: Backofen, Mikrowelle und Geschirrspüler nehmen uns viel Arbeit ab. Warum läuft die Küchenarbeit trotzdem nicht wie am Schnürchen? Weil wir uns das Leben oft unnötig schwer machen.

1. Überfluss bewusst reduzieren

Drei Siebe, zwei Schneebesen, fünf Kochlöffel – kein Wunder, dass der Behälter mit den Kochuntensilien überquillt. Dasselbe gilt für Schubladen, Schränke und Regale – und erst recht für Vorrats-, Kühl- und Gefrierschrank. Ein Blick in die Küchenschränke spricht meist Bände – wissen Sie noch, was ganz hinten steht? Wie Sie aussortieren und Ihr Einkaufsverhalten umstellen können, lesen Sie auf S. 86/87.

2. Dinge sinnvoll anordnen

Der Pürierstab liegt ganz unten im Küchenschrank, die Küchenwaage in einer Box auf dem Hängeschrank? Das ist nicht logisch oder sinnvoll – aber irgendwohin müssen die Sachen ja. Schluss damit! Ganz oben und ganz unten verstauen Sie ab sofort Dinge, die Sie nicht so oft brauchen. Was Sie täglich nutzen, ist ab jetzt in Griffhöhe.

3. Alte Gewohnheiten ändern

Ihr Biomüll quillt ständig aus dem alten Plastikbecher auf der Arbeitsfläche und verpestet die Luft? Das schmutzige Geschirr blockiert permanent die Spüle? Wie unpraktisch Verhaltensweisen auch sein mögen – haben sie sich erst etabliert, ist es schwierig, sie zu ändern. Dennoch: Sie sind Ihren Gewohnheiten nicht ausgeliefert. Machen Sie sie sich bewusst, ändern Sie sie und vereinfachen Sie Ihr Leben!

HITLISTE

DIE NEUN HÄUFIGSTEN FEHLER: Machen Sie Ihre Küche wieder zu einem Ort der Übersichtlichkeit und der kurzen Wege.

Herumstehende Dinge

Elektrogeräte blockieren Arbeitsflächen und werden durch Kochdünste verschmutzt.

Lange Wege

Dinge sind nicht dort verstaut, wo sie gebraucht werden, z. B. Gewürze in Herdnähe etc.

Überfüllte Schubladen

Sind sie zu voll und mit Kleinkram verstopft, kommt man nicht an das Besteck heran.

Kühlung ohne System

Der Kühlschrank ist zu voll und die Lebensmittel sind ohne jegliches System eingeräumt.

Verteilte Vorräte

Reis, Linsen, Backpulver & Co. sind auf verschiedene Schränke und Regale aufgeteilt.

Doppelte Haushaltsführung

Reiben, Siebe, Messbecher und andere Utensilien existieren in mehrfacher Ausführung.

Sichtbarer Müll

Altglas und Altpapier stehen offen herum, der Mülleimer ist zu klein und quillt fast über.

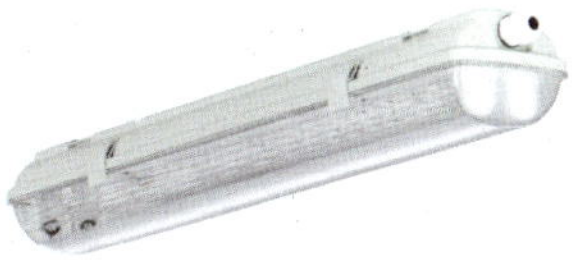

Schummriges Licht

Arbeitsflächen, Herd und, falls vorhanden, die Sitzecke sind nicht gut ausgeleuchtet.

Muffige Spülhelfer

Geschirrhandtücher, Lappen und Schwämme werden nicht oft genug gewechselt.

GEWÜRZMISCHUNG?

MIT EINST KOSTBAREN HANDELSGÜTERN gehen wir heute allzu oft achtlos um.

IN VIELEN HAUSHALTEN herrscht im Reich der Gewürze ein heilloses Durcheinander: Aus offenen Tütchen rieselt braunes Pulver, das Bohnenkraut riecht nach muffigem Heu und das Curry in seiner speckigen Plastikdose besitzt keinerlei Aroma mehr. Verschließen Sie die Tütchen zumindest mit einem Frischhalte-Clip, der Auskippen und Aromaverlust verhindert. Haben Sie frische Kräuter, bewahren Sie sie nicht in Wassergläsern auf. In Plastikfolie gehüllt halten sie im Kühlschrank länger. Nur Basilikum lagern Sie besser bei Zimmertemperatur.

TRENNKOST!

IN VERSCHLOSSENEN GLÄSERN sehen Gewürze toll aus und behalten Farbe und Aroma.

Denken Sie bei der **BESCHRIFTUNG** der Gläschen daran, nicht nur die Gewürznamen, sondern auch das Mindesthaltbarkeitsdatum vom Tütchen zu übernehmen.

KAUFEN SIE DIE BENÖTIGTE ANZAHL einheitlicher Gläser oder verwenden Sie verschließbare Glasstreuer. In jedes Gefäß sollte eine Packung des dafür vorgesehenen Gewürzes passen, damit nichts davon übrig bleibt. Suchen Sie einen geeigneten Lagerort. Gewürze mögen es dunkel, trocken und kühl – deshalb eignen sich eine Schublade oder Schrankbox. Diese sollte sich weder über dem Herd noch daneben befinden, da Wärme und Feuchtigkeit den Aromen schaden. In einer Schublade stehende Gläser beschriften Sie auch auf dem Deckel.

MASCHINENKRAFT?

ALLERLEI SPERRIGE GERÄTE blockieren in vielen Küchen die Arbeitsflächen. Gebraucht werden sie kaum.

Wenn schon Küchenhelfer, dann mit sinnvollem **ZUBEHÖR** wie verschiedenen Ein- oder Aufsätzen. Doch auch das lohnt sich nur bei regelmäßigem Gebrauch.

DIE PLATTEN EINER EINBAUKÜCHE heißen „Arbeitsflächen". Doch zum Arbeiten ist in vielen Küchen kaum noch Platz. Den beanspruchen Küchenmaschine, Toaster, Entsafter, Kaffeemaschine, Wasserkocher und weitere Geräte. Hinzu kommen der Brotbehälter, der Tontopf mit den Kochlöffeln sowie diverse Essig- und Ölflaschen. Und schließlich all die Dinge, die gar nicht in die Küche gehören: Altglas, Prospekte, Gebrauchsanweisungen, kaputte Kugelschreiber, Streichholzschachteln. Wo wollen Sie da Brot schneiden und Zwiebeln schälen?

HANDARBEIT!

RÜSTEN SIE AB: Mit einem Schneidbrett und einem scharfen Messer gehen viele Arbeiten genauso schnell.

Geschicklichkeit vorausgesetzt, erspart das **GEMÜSEMESSER** nicht nur den Julienne-Schneider.

FALLS SIE IN IHRER KÜCHE auch mal wieder kochen wollen, räumen Sie zunächst alle Arbeitsflächen komplett leer und entscheiden Sie im nächsten Schritt, welche Elektrogeräte Sie tatsächlich jeden Tag brauchen. Nur die dürfen zurück an ihren Platz. Alle anderen bringen Sie in einem Küchenschrank oder in der Kammer unter. Lebensmittel gehören zu den Vorräten, die Kochlöffel in die Schublade. Den meisten Kleinkram können Sie wahrscheinlich entsorgen. Nun ist es auch kein Problem mehr, die Flächen sauber zu halten.

AUF UND UNTER DER SPÜLE

... SCHAUT MAN GERN NICHT SO GENAU HIN. Wer ist schon scharf auf verkeimte Lappen, herumliegende Krümel und üble Gerüche? Nur Mut – Sie schaffen das!

Küchenlappen

Spülen Sie den Lappen nach Gebrauch aus und hängen Sie ihn über eine kleine Stange an der Innentür des Unterschranks.

Kehrblech & Handfeger

Hängen Sie Kehrblech und Handfeger in den Putzmittel-Schrank oder an eine unauffällige Stelle in der Küche.

Geschirrspülmittel

Stellen Sie die Nachfüllpackung griffbereit unter die Spüle, damit Sie den Spülmittelspender schnell auffüllen können.

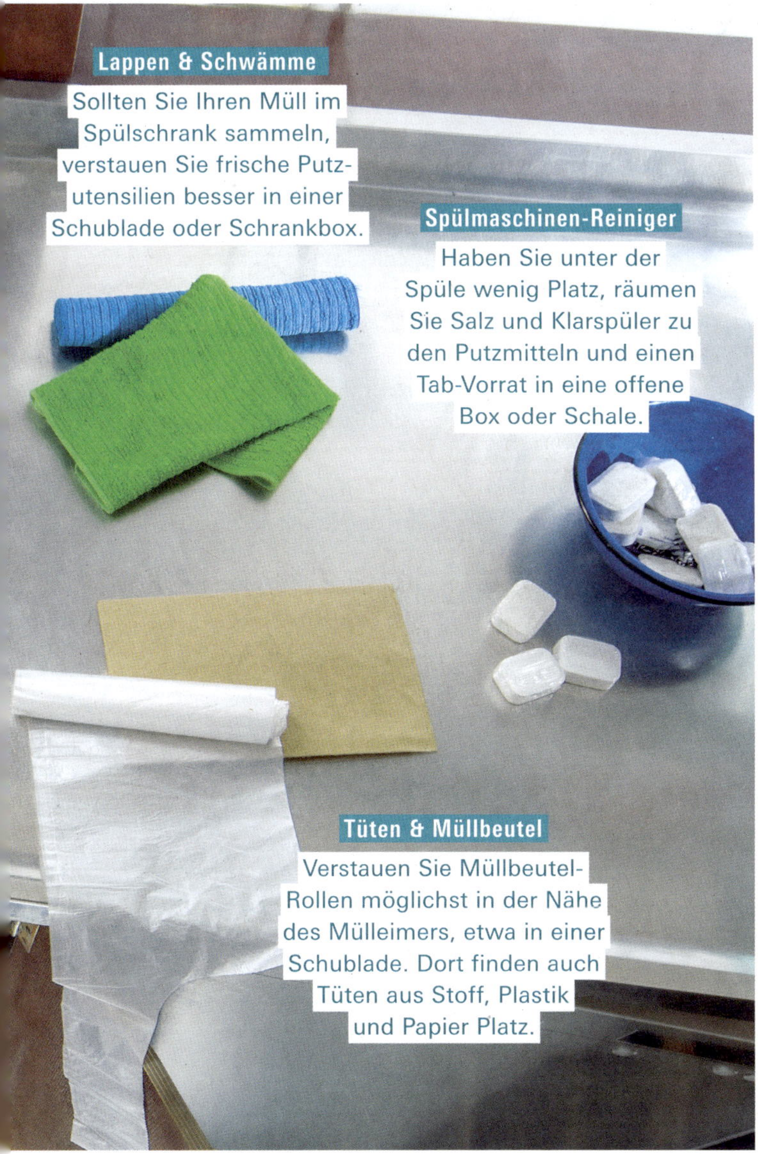

Lappen & Schwämme

Sollten Sie Ihren Müll im Spülschrank sammeln, verstauen Sie frische Putzutensilien besser in einer Schublade oder Schrankbox.

Spülmaschinen-Reiniger

Haben Sie unter der Spüle wenig Platz, räumen Sie Salz und Klarspüler zu den Putzmitteln und einen Tab-Vorrat in eine offene Box oder Schale.

Tüten & Müllbeutel

Verstauen Sie Müllbeutel-Rollen möglichst in der Nähe des Mülleimers, etwa in einer Schublade. Dort finden auch Tüten aus Stoff, Plastik und Papier Platz.

NACH DEM ESSEN kommt der Abwasch – oder zumindest das Aufräumen. Das nimmt Ihnen selbst die beste Spülmaschine nicht ab. Ist alles in Schuss, ist das mit einigen Handgriffen erledigt. Aber Hand aufs Herz: wie sieht es unter Ihrer Spüle aus? Haben Sie genügend frische Spülschwämme und sind sie so gelagert, dass sie nicht schon vor der ersten Benutzung schmutzig werden? Schnappen Sie sich gleich einen neuen! Schwämme und Lappen sind wahre Sammelbecken für Bakterien – ein regelmäßiger Wechsel lohnt sich. Benutzte Lappen lassen Sie trocknen, damit sie nicht riechen. Entweder bringen Sie dazu an der Innenseite der Schranktür eine Stange an oder Sie nutzen einen damit ausgestatteten Organizer, in dem auch Spülmittel und Topfreiniger Platz finden. Entsorgen Sie volle Müllbeutel rechtzeitig und entfernen Sie heruntergefallene Reste von Schrank- und Küchenboden. Tabs, Tüten und Tenside lagern griffbereit in einer Box unter der Spüle.

ORDNUNG IM KÜHLSCHRANK

In einem Kühlschrank sollten 5 bis 7 Grad Celsius herrschen, damit sich Lebensmittel möglichst lange halten. Steigt die Temperatur, nimmt das Bakterienwachstum stark zu – ist es kälter, steigt der Stromverbrauch. Wussten Sie, dass es in Ihrem Kühlschrank nicht an jeder Stelle gleich kalt ist? Lässt man eventuell vorhandene 0 °C-Fächer einmal außer Acht, ist es unten – genauer gesagt über dem Gemüsefach – am kältesten. Dagegen sammelt sich im oberen Bereich die aufsteigende warme Luft. Der Temperaturunterschied beträgt bis zu sechs Grad! Wer ihn gezielt ausnutzt, kann verschiedenen Lebensmitteln jeweils optimale Lagerbedingungen bieten:

Das obere Fach

Hier herrschen Temperaturen von 8 bis 10 Grad Celsius. Sie können im oberen Fach bereits zubereitete Speisen, Essenreste oder angebrochene Lebensmittel lagern, ebenso Marmeladengläser und Grillsaucen.

Das mittlere Fach

In der Mitte liegt die Temperatur bei etwa 5 Grad. Ein guter Ort für Milchprodukte wie Joghurt, ungeöffnete Milchverpackungen, Sahne, Quark, Frischkäse und Käse.

Das untere Fach

Über dem Gemüsefach ist mit ca. 2 bis 3 °C die kälteste Stelle im Kühlschrank. Hier sind auch Bakterien weitgehend „kalt gestellt“. Ins untere Fach gehören deshalb leicht verderbliche Lebensmittel wie Hackfleisch, Wurst, Fleisch und Fisch. Lagern Sie diese Lebensmittel am besten in Vorratsdosen, damit sich eventuell vorhandene Krankheitserreger nicht auf andere Speisen übertragen können.

Extra-Tipp: Angeschnittene Avocados dürfen auch in den Kühlschrank, die Kälte verlangsamt den weiteren Reifungsprozess: Kern nicht entfernen, Schnittfläche mit Zitronensaft beträufeln und in ein luftdichtes Behältnis geben – so halten sie noch ein paar Tage.

Die Türfächer

In der Kühlschranktür herrscht eine Temperatur von 8 bis 10 °C. Der obere Bereich der Tür ist deshalb ein guter Lagerort für Butter, Margarine und Weichkäse, Eier und Saucen. Unten sollten eher Getränke stehen, offene Milch und auch Ketchup.

Extra-Tipp: Olivenöl wird im Kühlschrank nicht so schnell ranzig, dafür jedoch trüb. Nach dem Herausnehmen gibt sich die Trübung nach einiger Zeit wieder, ohne dass das Öl Schaden nimmt. Sie können Olivenölvorräte also im Kühlschrank lagern, die jeweils in Gebrauch befindliche Flasche jedoch besser woanders.

Die Gemüseschublade

Für Gemüsefächer gilt die Faustregel: Heimisches liebt es kühl, Exoten mögen es warm. Hinein dürfen also zum Beispiel Äpfel, Zwetschgen, Kirschen, Erdbeeren, Heidelbeeren, Himbeeren und Trauben – aber auch Aprikosen, Feigen und Kiwis.

Folgende Gemüsesorten fühlen sich im Kühlschrank wohl: Artischocken, Blattgemüse, Blumenkohl, Brokkoli, Chicorée, Endivien, Erbsen, Gewürzkräuter (außer Basilikum), grüne Bohnen, Lauchzwiebeln, Kohl, Lauch, Möhren, Pilze, Radieschen, Rettich, Rote Beete, Salat, Sellerie, Spargel, Spinat und Süßmais.

Extra-Tipp: Legen Sie Küchenkrepp auf den Boden der Gemüseschublade, damit das Kondenswasser aufgesaugt wird. Wechseln Sie das Papier mindestens wöchentlich, damit nichts schimmelt. Ist im Gemüsefach nicht ausreichend Platz, können Sie zum Beispiel Salat auch auf der Glasplatte darüber lagern. Achten Sie darauf, dass die Blätter nicht an die Rückwand stoßen, sonst frieren sie an ihr fest.

Nicht in den Kühlschrank

Folgende Gemüsesorten sollten Sie bei Raumtemperatur lagern, um Farbe, Aroma und Nährstoffe zu erhalten: Auberginen, Basilikum, Gurken, Ingwer, Kartoffeln, Knoblauch, Lagerzwiebeln, Paprika, Tomaten, Zucchini und Avocados.

Kälteempfindliche Südfrüchte wie Bananen, Mangos, Ananas, Papayas, Orangen, Mandarinen und andere Zitrusfrüchte gehören ebenfalls nicht in den Kühlschrank, denn sie verlieren bei Kälte ihr Aroma. Auch für Bananen ist der Kühlschrank tabu: Sie bekommen eine andere Farbe, weil die Kälte ihr Zellgewebe schädigt.

Extra-Tipp: Bereits aufgeschnittene Zitrusfrüchte müssen Sie nicht in den Kühlschrank legen: Bei Zimmertemperatur halten sie sich gut eine Woche! Zitronenhälften legen Sie mit der Schnittseite nach oben auf einen Teller. Die Schnittfläche trocknet ein und schützt vor Schimmelbefall.

Einfach Energie sparen

Legen Sie Essensreste in kleine Dosen, ehe sie in den Kühlschrank wandern – so bleiben sie länger frisch. Außerdem verhindern Sie auf diese Weise, dass sich mögliche Keime ausbreiten. Aus demselben Grund sollten Sie regelmäßig den Innenraum des Kühlschranks reinigen. Verwenden Sie dazu lauwarmes Wasser und einen Spritzer Essigreiniger.

Besitzt der Kühlschrank ein Eisfach, tauen Sie es regelmäßig ab. Je mehr Eis sich absetzt, desto mehr Energie wird benötigt. Achten Sie zudem darauf, dass Sie im Eisfach keine frischen Lebensmittel einfrieren, sondern lediglich eingefrorene Ware darin lagern und Eiswürfel herstellen können.

Achtung: Lassen Sie Essensreste erst abkühlen, bevor Sie sie in den Kühlschrank stellen, sonst verbraucht das Abkühlen zusätzlich Energie. Dampfende Speisen erzeugen außerdem Kondenswasser, das im Inneren des Kühlschranks Eis bildet.

Längst nicht verdorben
Viele Lebensmittel sind deutlich über das Mindesthaltbarkeitsdatum hinaus genießbar – zum Teil sogar wochen- oder monatelang.

ANSCHAUEN, RIECHEN, SCHMECKEN

Wandern auch bei Ihnen Lebensmittel mit abgelaufenem Mindesthaltbarkeitsdatum (MHD) in den Müll? Vieles davon ließe sich garantiert noch verwerten. Um das zu entscheiden, verlassen Sie sich am besten auf Ihre Sinne. Die wissen schon, was noch genießbar ist.

Nudeln, Reis, Mehl: Getreideerzeugnisse halten sich ungeöffnet viele Monate über das MHD hinaus. Vollkornprodukte sind etwas anfälliger und können ranzig werden.

Brot: Ein MHD gibt es nur für in Plastik verpacktes Industriebrot. Es ist nach Ablauf mindestens noch einige Tage genießbar. Ganze Brote halten sich länger als Scheiben, Roggen- länger als Weizenbrot. Zeigt sich Schimmel, entsorgen Sie das ganze Brot, da sich die giftigen Sporen unsichtbar in ihm ausbreiten.

Nüsse: Nur, wenn sie ungewöhnlich schmecken, dunkle Stellen oder Schimmel zeigen, sollten Sie sie wegwerfen. Auf Nüssen können sich Schimmelpilzgifte bilden, die eventuell die Leber schädigen.

Milch: Ungeöffnete Milch ist nach Ablauf des MHD in der Regel noch mindestens drei Tage haltbar, H-Milch etwas länger. Geöffnet hält sich Frischmilch im Kühlschrank etwa drei, H-Milch bis zu sieben Tage lang.

Käse: Je härter und älter, desto länger hält sich Käse. Schnittkäse ist geöffnet ca. zehn Tage genießbar, Hartkäse zwei bis drei Wochen. Lagern Sie Hartkäse am besten in einem leicht angefeuchteten Tuch oder in Käsepapier, damit er atmen kann. Bildet sich weißer Schimmel, können Sie diesen einfach großzügig entfernen. Ist er grünlich, werfen Sie den Käse weg.

Wurst: Ungeöffnete Wurstwaren können ein paar Tage nach Ablauf des MHD genießbar sein. Prüfen Sie jedoch genau, ob die Wurst noch einwandfrei aussieht und gut riecht. Geöffnet hält sich Wurst – je nach Sorte – im Kühlschrank einige Tage bis eine Woche.

Saft: Saft in Glasflaschen hält sich bis zu einem Jahr, im Tetrapack oder in Plastikflaschen einige Monate über das MHD hinaus. Gekühlt halten sich geöffnete Säfte bis zu 2 Wochen.

Achtung! Leicht verderbliche tierische Lebensmittel, deren Verpackung den Hinweis „Zu verbrauchen bis…“ enthält – etwa Hackfleisch, Geflügel und Frischfisch – sollten nach Ablauf dieses Datums nicht mehr verzehrt werden.

VORRATSJAMMER?

SCHRÄNKE UND REGALE einer Küche verkommen in Rekordtempo vom Lebensmittellager zur Resterampe.

Verlieren Sie angebrochene Packungen mit Pasta, Reis, Hülsenfrüchten und Keksen nicht **AUS DEM BLICK**. Einmal im Schrank nach hinten gerutscht, ist ihr Schicksal besiegelt.

Verpackungen aus Folie oder Papier bieten keinen Schutz vor **LEBENSMITTELMOTTEN** – selbst wenn sie geschlossen gelagert werden.

SCHLEICHENDER VERFALL: Bewahren Sie Vorräte nicht nur in der Küche, sondern auch im Flur oder im Keller auf? Ist Ihr Vorratsschrank so voll, dass Sie keinen Überblick mehr haben? Dann steigt die Gefahr, dass Sie Lebensmittel einkaufen, von denen noch genug im Haus ist. Manches lagert so lange im Versteck, bis das Mindesthaltbarkeitsdatum unwiderruflich abgelaufen ist. Eine solche Unordnung in den Vorräten bietet wenig Inspiration. Sie verlieren womöglich sogar die Lust am Kochen – zumindest aber belastet es unnötig Ihren Geldbeutel.

VORRATSKAMMER!

RAUS AUS DER VERPACKUNG! Auf diese Weise zieht nicht nur Ordnung ein – auch Schädlinge haben keine Chance.

Lagern Sie Nudeln, Reis, Mehl & Co. in dicht verschlossenen Plastikdosen oder Bügelgläsern. So lässt sich der **ÜBERBLICK** deutlich verbessern und Schädlingsbefall verhindern.

Kontrollieren Sie auch länger lagernde **BACKZUTATEN** wie Rosinen, Nüsse und Mandeln regelmäßig auf Käfer und Motten.

DAS AUGE MISST MIT: Um sich einen Überblick zu verschaffen, packen Sie alles auf den Tisch, was Sie an Essbarem zu Hause haben. Sortieren Sie dann Ihre Vorräte nach Nudeln und Reis, Backwaren, Konserven, Süßes, Essig und Öl etc. Werfen Sie lange abgelaufene Lebensmittel in den Müll. Reservieren Sie dann einen Schrank, ein Regal oder einen Teil der Speisekammer für Vorräte. Räumen Sie diese nach Kategorien ein. Brauchen Sie Lebensmittel zügig auf und kaufen Sie künftig nur noch die Mengen, für die Sie Platz vorgesehen haben.

Trocken, luftdicht, sicher
Gläser mit Schraub- oder Bügelverschluss sind zum Lagern von Hülsenfrüchten, Reis, Mehl, Zucker und Salz ideal, bringen optisch Ruhe ins Regal und Sie sehen sofort den Stand der Vorräte.

MIT KÖPFCHEN KAUFEN – MIT SYSTEM LAGERN

In vielen Haushalten sind Vorräte an unterschiedlichen Plätzen verstaut: in Schränken, Schubladen und Regalen – oft auch in der Speisekammer und im Keller. Das geht zu Lasten des Überblicks und führt zu überflüssigen Käufen.

1 **Platz abschätzen:** Passen Sie Ihre Vorratsmenge dem verfügbaren Platz an. **Haben Sie eine kleine Küche und keine Vorratskammer, lagern Sie jeweils nur eine Nachfolgepackung – hinter der geöffneten Packung.** So sehen Sie sofort, was Sie nachkaufen müssen.

2 **Vorräte auslagern:** Verfügen Sie über eine Vorratskammer oder einen Keller? Dann bewahren Sie nur angebrochene Vorräte in der Küche auf. Geschlossene Packungen verstauen Sie sortiert nach Kategorien (zum Beispiel Mehl, Reis, Nudeln, Süßigkeiten, Knabberzeug, Konserven, Getränke etc.) in der Kammer oder im Keller. **Werfen Sie vor jedem Einkauf einen Blick auf Ihre Vorräte und notieren Sie sich, was Sie nachkaufen müssen.**

3 **Großeinkauf einführen:** Kaufen Sie für eine Familie ein und haben wenig Zeit, machen Sie von jetzt an einen Großeinkauf pro Woche – am besten mit einem Kochplan in der Tasche. Besorgen Sie alles, was nicht tagesfrisch sein muss, und kaufen Sie unter der Woche nur Brot und schnell verderbliches Obst und Gemüse ein.

4 **Saisonal und regional kaufen:** Passend zur Jahreszeit und Produkte aus der Region einzukaufen lohnt sich. Knackfrisches Gemüse vom Bauernhof in der Gegend schmeckt gleich viel besser und ist dank kürzerer Transportwege umweltfreundlicher. Kaufen Sie so viel, wie Sie brauchen, um später weniger wegwerfen zu müssen.

5 **Plastik vermeiden:** Mehrfach verpackte Lebensmittel, Schalen aus Formplastik und Plastiktüten vergrößern nur Ihren Müllberg zu Hause. Versuchen Sie, ab sofort einfach stets ein bis zwei Baumwollbeutel für loses Gemüse und ein bis zwei Stoffbeutel für den Gesamteinkauf einzustecken. Gefriertüten können Sie ebenfalls mehrmals verwenden oder durch Schraubgläser und Vorratsdosen ersetzen.

6 **Brot einfrieren:** Um Brot oder Brötchen für ein paar Tage einzufrieren, eignen sich einfache Baumwollbeutel, Papiertüten oder auch Wachspapier. Achten Sie jedoch darauf, dass das Brot vollständig eingewickelt ist und nicht lose herumliegt.

WO VERSTAUE ICH WAS?

ERGONOMIE: Was Sie oft brauchen, platzieren Sie zwischen Knie- und Augenhöhe. So müssen Sie sich nicht ständig bücken oder strecken.

Häufig benutztes Geschirr

Teller, Tassen und Schälchen sollten in Greifhöhe in einem Schrank lagern.

Mehl, Zucker, Reis, Nudeln und Müsli

Für Trockenprodukte eignen sich dicht schließende Vorratsgläser, die im Schrank oder Regal stehen.

Spiralenschneider, Kleinhäcksler und Handrührgerät

Selten genutzte Küchengeräte und Utensilien können zum Beispiel im oberen Fach der Hängeschränke ihren Platz finden.

Töpfe und Pfannen

Kochgeschirr am besten in Schubladen lagern, aus denen man sie von oben entnehmen kann.

Tees

Tee gehört in eine Schublade oder, in einer Box verstaut, in ein Schrankfach.

Lappen, Schwämme, Müllbeutel, Geschirr-Reiniger

Falls Sie dort keinen Müll sammeln, verstauen Sie alle Utensilien in ein oder zwei offenen Boxen im Spülenunterschrank.

Geschirrtücher, Schürzen und Topflappen

Textilien für die Küchenarbeit sammeln Sie in schranktiefen Boxen oder einer nicht zu großen Schublade.

Ein Tisch zum Tafeln
Eine helle Tischplatte und schlanke Beine aus Metall lassen den Esstisch leicht und elegant wirken. Vor allem kleinere Esszimmer sehen damit nicht zu vollgestellt aus.

ESSZIMMER UND ESSBEREICH

Der Tag ist geschafft, Arbeit und Schule sind vorbei – nun möchten Sie in entspannter Atmosphäre mit der Familie oder Freunden essen und zusammenkommen. Für diese Geselligkeit steht in vielen Wohnungen der Esstisch im Wohnzimmer – oder es gibt ein separates Esszimmer. So gelingt die abendliche Entspannung:

Kurze Wege: Beachten Sie beim Einrichten des Essbereichs die Lage der Küche. Um nicht immer heiße Teller an Couch und Sessel vorbeibugsieren zu müssen, steht der Esstisch am besten an der Raumseite, die näher zur Küche liegt.

Platz für Geschirr: In Anrichte, Sideboard oder Vitrine können Sie Gläser, Geschirr, Sets, Servietten und Untersetzer verstauen, auf die Sie schnell zugreifen wollen. Die Möbel bieten zudem Ablageflächen in Tischnähe, zum Beispiel für Getränke oder zusätzliche Speisen, die nicht auf den Esstisch passen.

Raumtrenner: Sideboards eignen sich auch perfekt, um den Essbereich vom Wohnbereich abzugrenzen. Verwenden Sie Regale oder andere Stauraummöbel als Raumtrenner, achten Sie darauf, dass sie maximal hüfthoch sind. Sonst besteht die Gefahr, den Raum zu überfrachten und unnötig eng wirken zu lassen.

Teppich: Wo gegessen wird, da fallen Krümel. Ein Teppich unter dem Esstisch ist zwar gemütlich und schluckt den Schall, wird aber schnell dreckig. Wollen Sie trotzdem nicht darauf verzichten, achten Sie auf Muster und Material. Flache, harte Teppiche lassen sich leichter absaugen, manche Modelle aus Baumwolle können Sie sogar problemlos waschen.

Licht: Die Esstischlampe sollte sich dimmen lassen und in der Höhe verstellbar sein. Spezielle Glühlampen sind unten verspiegelt und blenden nicht. So können Sie nicht nur in angenehmer Atmosphäre essen, sondern bei Bedarf auch arbeiten oder lesen.

Tischgröße: Sie überlegen, sich einen neuen Esstisch zu kaufen? Denken Sie auch an Besuch! Kalkulieren Sie pro Stuhl ca. 60 cm Tischbreite ein. So haben alle genügend Platz. Achten Sie auch auf die Bereiche, an denen durch ein Tischbein evtl. niemand sitzen möchte.

Ausziehbar: Für kleine Räume eignet sich ein auszieh- oder ausklappbarer Esstisch. Er nimmt im täglichen Gebrauch nicht zu viel Platz ein, lässt sich aber bei Bedarf vergrößern.

NEBENROLLE?

VIELE ESSTISCHE SIND SCHAUPLATZ eines Verdrängungswettbewerbs. Wird der Tisch zur Ablagefläche, gerät das Essen in den Hintergrund.

Wer sich nicht bewusst **ZEIT UND RAUM** zum Essen schafft, für den wird Essen zur Nebensache. Studien zeigen, dass darunter Gesundheit und Sozialkontakte massiv leiden.

UMKÄMPFTER PLATZ: Zeitschriften und Kataloge, Stifte und Schulhefte, Ausdrucke und Rechnungen – in vielen Haushalten ist der Esstisch gleichzeitig auch der Arbeitsplatz für die ganze Familie. Das kann gut funktionieren, braucht aber etwas Disziplin und ein paar Kniffe. Genauso wie der Brief keinen Fettfleck abbekommen sollte, sollten Sie nicht immer zuerst Sachen beiseite schieben müssen, um sich zum Essen hinsetzen zu können. Lassen Sie sich von unerledigter Arbeit nicht diesen schönen Ort in Ihrer Wohnung versemmeln.

HAUPTDARSTELLER!

SETZEN SIE PRIORITÄTEN und schaffen Sie wieder Raum für ein lebendiges Zentrum Ihres Familienlebens.

Mindestens **EINMAL AM TAG** sollte sich die Familie zum gemeinsamen Essen treffen und sich über Erlebtes, Pläne etc. austauschen.

EROBERN SIE IHREN ESSTISCH ZURÜCK! Und das geht so: Jedes Familienmitglied bekommt eine Box für seine persönlichen Dinge – zum Beispiel Schulhefte, Stricksachen etc. Diese Kisten finden ihren Platz in einem Regal oder Schrank in der Nähe. Jeder kann den gemeinsamen Familientisch nun nutzen, muss aber seine Sachen wieder verstauen und seinen Arbeitsplatz aufgeräumt hinterlassen, damit Sie dort eine schöne Tafel für das gemeinsame Frühstück, Mittagessen oder Abendbrot decken können. Oder auch für ein Dinner mit Freunden.

Gemütlich entspannen
Im Wohnzimmer darf und soll jedes Familienmitglied machen können, was es möchte. Durch eine Aufteilung in verschiedene Bereiche ergibt sich ein Großteil der Ordnung wie von selbst.

WOHNZIMMER UND SOFAECKE

Das Wohnzimmer ist der Multifunktionsraum Ihrer Wohnung: Hier hat jeder sein Eckchen und ist doch vereint mit der Familie: Es wird ferngesehen und gelesen, Musik gehört und Musik gespielt, Gäste empfangen oder ein Schläfchen gehalten. Viele Kinder machen hier Hausaufgaben, basteln und malen. Etwas abseits – Nahe der Küche – steht oft noch ein Ess- und Arbeitstisch.

Die Fülle an Aktivitäten kann dazu führen, dass das Wohnzimmer unübersichtlich aussieht. Dieses Durcheinander verstärkt sich noch, weil wir viele Dinge, die wir im Wohnzimmer benutzen, danach einfach liegen lassen: gelesene Zeitungen, Spiele, Bücher, DVDs und CDs, Strickzeug und Geschirr. Lassen Sie sich von solchen unaufgeräumten Ecken nicht ermahnend anschauen, was Ihre Entspannung leiden lässt. Mit wenigen Handgriffen ist die Ordnung schon getan.

1 **Sortieren** Sie im ersten Schritt alles, was sich im Wohnzimmer befindet, nach dem 6-Kisten-Prinzip (S. 40/41) und den fünf Aufräumfragen (S. 39) aus.

2 **Reduzieren** Sie CDs und DVDs, indem Sie sich fragen, welche Musik Sie hören und welchen Film Sie noch einmal ansehen wollen. Die Alternative ist ein radikaler Schnitt: Verkaufen bzw. verschenken Sie einen Großteil oder sogar alle CDs und DVDs! Heute ist das meiste über Streamingportale stets verfügbar oder lässt sich auf dem Rechner speichern (siehe S. 201). Auf diese Weise wird obendrein so manches Abspielgerät überflüssig.

3 **Behalten** Sie nur Bücher, die Sie noch einmal lesen wollen oder die Ihnen aus anderen Gründen etwas bedeuten. Der Rest darf gehen. Sie müssen Bücher nicht in den Müll werfen: Geben Sie sie bei einer karitativen Organisation ab oder verkaufen Sie sie über ein Internet-Portal (siehe S. 96/97).

4 **Überlegen** Sie sich, ob und wie Sie Ihr Wohnzimmer strukturieren und verschiedene Tätigkeiten in eigene Bereiche verlagern können – zum Beispiel Essen, Spielen, Entspannen, Lesen und Arbeiten. Diesen Bereichen ordnen Sie anschließend die dazugehörigen Utensilien in Reichweite zu: Zeitungen, Zeitschriften und Bücher verstauen Sie in der Nähe von Sofa und Lesesessel, Geschirr und Besteck in der Nähe des Esstisches, Arbeitsmaterialien in der Schreibtischschublade etc.

ÜBERBORDEND?

IN VIELEN BÜCHERREGALEN ist interessanter Lesestoff deutlich in der Minderheit.

Anstreichungen und Eselsohren in einem Buch sprechen dafür, dass es gelesen wird – eine **STAUBSCHICHT** oder intakte Einschweißfolie nicht.

Zu verkaufende Bücher werden Sie über **ONLINE-PLATTFORMEN** wie Momox.de los. ISBN-Nummer eintippen oder scannen, Preis checken, fertig!

SIE HABEN EINE MENGE BÜCHER – aber Ihr Regal ist so unsortiert und überfüllt, dass Sie sie gar nicht mehr als schöne Sammlung wahrnehmen? Bücher in zweiter Reihe oder quer über anderen – das haben sie nicht verdient. Immerhin stehen Bücher für Bildung, Wissen und Ihren Lesegeschmack. Behandeln Sie sie so, wie Sie für sie beim Lesen empfunden haben. Gönnen Sie sich ein weiteres Regal für Ihre Lieblinge, aber trennen Sie sich von Schwarten und Schinken, die seit Ewigkeiten in der zweiten Reihe verstauben.

ÜBERSICHTLICH!

LASSEN SIE EINE BIBLIOTHEK ganz nach Ihrem Geschmack entstehen.

Manche Bücher sehen ohne ihren **SCHUTZUMSCHLAG** deutlich besser aus. Den Klappentext schneiden Sie aus und kleben ihn ins Buch.

Nicht nur Bücherrücken können im Blickpunkt stehen – hat ein Buch ein besonders schön gestaltetes **COVER**, dann stellen Sie es mit der Front nach vorn ins Regal.

WERFEN SIE BALLAST AB. Nehmen Sie sich ein Wochenende Zeit und sortieren Sie Ihre Bücher aus. Fragen Sie sich: Werde ich dieses Buch noch einmal lesen? Ist es mir wichtig? Brauche ich es in Zeiten des Internets, um etwas nachzuschlagen? Heben Sie auf, was Sie persönlich im Regal haben möchten – nicht, was man angeblich gelesen haben muss. Verschenken Sie den Rest oder verkaufen Sie ihn. Was Sie aufheben möchten, strukturieren und präsentieren Sie nach Sachbüchern, Belletristik und Co., oder nach Farbe, Form und schönen Rücken.

WONACH SIE IHR BÜCHERREGAL SORTIEREN

Ihre kleine Privatbibliothek soll schön und übersichtlich werden? So gehen Sie vor: Überlegen Sie zuerst, wie viel Regalfläche Sie zur Verfügung haben und ob Sie ein Regal dazukaufen oder sich von einem trennen wollen. Je mehr Platz, desto feiner unterteilt kann Ihre Ordnung sein.

Optisch wirken Bücherregale ansprechender, die nicht komplett vollgestellt sind, sondern Platz zum Herausnehmen, für Deko und für Neuankömmlinge bereithalten.

Stapeln Sie nun an einem Tag einmal all Ihre Schätze auf einen Tisch und sortieren Sie dabei schon grob in den Kategorien, nach denen Sie sie einordnen wollen (siehe rechts). Dann gehts Stück für Stück ins Regal.

Pragmatisch

Von A bis Z

Wofür ist das geeignet?
Das Sortierprinzip von A wie Allende bis Z wie Zuckmayer ist unkompliziert und eignet sich für Romane, Erzählungen, Novellen und Gedichte. Weniger gut greift die alphabetische Sortierung bei Sachbüchern, denn dort wird Ihnen der Name des Autors in aller Regel unbekannt sein – oder zumindest nicht gleich einfallen.

Was ist zu beachten?
Da Sie bestimmt Bücher verschiedener Autoren mit demselben Anfangsbuchstaben besitzen, ist es sinnvoll, weiter zu differenzieren, indem Sie die zweiten und dritten Buchstaben des Nachnamens sowie das Entstehungsjahr berücksichtigen. So steht Achmatowa vor Auster – und Paul Austers frühe Romane vor seinen späteren Werken.

Ästhetisch

Nach Farbe und Größe

Wofür ist das geeignet?
In sozialen Netzwerken sind immer öfter prachtvolle „Rainbow Shelves" zu sehen, nach Farben sortierte Bücherregale. Wer sich grundsätzlich eher visuell orientiert und seine Bücher in ihrer Gesamtheit wirken lassen will, für den ist dieses Verfahren eventuell eine passende Methode.

Was ist zu beachten?
Manchmal wird Ihnen das Einsortieren nicht leicht fallen, etwa bei der Entscheidung, ob das rote Buch mit der blauen Schrift besser neben dem roten Buch mit der grünen Schrift oder zwischen den blauen Büchern mit roter Schrift stehen soll. Außerdem sollten Sie sich vor Beginn des Einsortierens darüber klar werden, ob für Sie auch die Größe der Bücher eine Rolle spielt.

Einfach

Von Ungelesen nach Gelesen

Wofür ist das geeignet?
Tsundoku nennt man in Japan einen Stapel ungelesener Bücher. Auf ein Regal angewandt ist das Prinzip verblüffend einfach und besitzt zudem den Vorteil, dass Sie noch nicht gelesene Bücher gesammelt im Blick haben. Auf diese Weise können Sie schnell auswählen, worauf Sie gerade Lust haben. Nachteil dieses Verfahrens: Bücher, die Sie noch einmal lesen wollen, sind schwer zu finden – und je mehr Bücher Sie besitzen, desto eher stößt diese Sortierweise an ihre Grenzen.

Was ist zu beachten?
Sie können das Prinzip weiter vereinfachen, indem Sie außer den noch nicht gelesenen Büchern ausschließlich Ihre absoluten Lieblingsbücher aufheben – und alle anderen verkaufen, spenden oder verschenken.

Naheliegend

Nach Genres, Themen und Sprachen

Wofür ist das geeignet?
Diese Methode zählt zu den gängigsten Wegen, seine Bücher zu sortieren: Auf diese Weise bekommen sowohl Krimis und historische Romane, Biografien und Liebesgeschichten, Science-Fiction- und Fantasywälzer als auch Tatsachenromane, Reiseliteratur und fremdsprachige Bücher ihren jeweils eigenen Regalbereich.

Was ist zu beachten?
Bei der Bestimmung des Genres kann es schon mal zu Abgrenzungsproblemen kommen: Was tun, wenn eine Liebesgeschichte auch Krimi-Elemente enthält oder es im Fantasy-Roman um die Geschichte eines Paares geht? Außerdem lassen sich Unterbereiche wie Regionalkrimi und Biografischer Roman nur schwierig erfassen, wenn es nicht zu viele Kategorien geben soll.

Bibliografisch

Nach Verlagen oder Ausgaben

Wofür ist das geeignet?
Den meisten Lesern ist es herzlich egal, ob auf dem Buchtitel Rowohlt, Diogenes, Suhrkamp oder Fischer steht, ob es sich um eine Originalausgabe oder einen Nachdruck handelt. Sammeln Sie allerdings Bücher bestimmter Verlage oder spezielle Reihen innerhalb eines Verlages und haben Sie Freude daran, diese im Regal nebeneinander zu sehen, kann es das ideale Ordnungsprinzip für Ihre Büchersammlung sein.

Was ist zu beachten?
Manchem Vielleser mag es darüber hinaus wichtig sein, Hardcover, Paperback und Taschenbuch zu unterscheiden. Schwierig wird es, wenn Sie aus einer Reihe sowohl Hardcover- als auch Taschenbuchausgaben besitzen und diese dann möglicherweise trennen müssen.

Stapelweise schlechtes Gewissen

Die Zeitung ist schließlich im Abo, und das Papier soll nicht umsonst gedruckt worden sein … Faustregel als Vorschlag: Was nach zwei Wochen nicht gelesen wurde, kommt ins Altpapier.

DAS ENDE DER PAPIERSTAPEL

Tageszeitungen, TV-Zeitschriften, Wochen- und Monatsmagazine, Werbebroschüren, Kataloge und Flyer – bedrucktes Papier sammelt sich in rasant wachsenden Stapeln in der Wohnung an. „Das lese ich später", denkt sich mancher – getreu der Devise: Ungelesenes darf nicht entsorgt werden. Doch genauso schnell wie die Papierstapel wächst auch Ihr schlechtes Gewissen.

Fehlt wieder einmal die Zeit, werden Zeitungen, Magazine, Anzeigenblätter und Kataloge gerne gehortet – womöglich aus Sorge, etwas Wichtiges zu verpassen. Für die meisten Menschen ist das ein scheinbar unlösbares Dilemma. Lassen Sie es am besten gar nicht soweit kommen. **Sie haben die Zeitschrift im Abo, nicht anders herum.**

1 Abos prüfen: Welche Zeitungen und Zeitschriften haben Sie abonniert? Was davon brauchen Sie wirklich – und was tatsächlich in Papierform? Eventuell reicht ja die Wochenendausgabe der Tageszeitung und ein Online-Abo des Monatsmagazins.

2 Ballast abwerfen: Gewöhnen Sie sich an, beim täglichen Sichten der Post Werbeblätter und Flyer, die Sie nicht interessieren, sofort zum Altpapier zu geben – auf diese Weise können Sie den Papierberg erheblich reduzieren.

3 Routinen etablieren: Besprechen Sie mit Ihrer Familie, wie Sie mit Papierstapeln verfahren. Vorschlag: Alle zwei Wochen wird alles entsorgt, was noch ungelesen ist. Oder: Tageszeitungen wandert abends unweigerlich ins Altpapier, Magazine spätestens, wenn die neue Ausgabe da ist.

4 Altpapier vermeiden: Wollen Sie auf Anzeigenblätter und Werbeflyer verzichten, bringen Sie am Briefkasten einen Aufkleber an. Bestellen Sie nicht benötigte Kataloge ab. So entsteht mancher Papierberg gar nicht erst.

5 Artikel ausschneiden: Entdecken Sie einen interessanten Artikel, haben aber gerade keine Zeit zum Lesen, schneiden Sie ihn aus und legen Sie ihn ins „Bearbeiten"-Fach auf Ihrem Schreibtisch. Was Sie innerhalb von zwei oder drei Wochen nicht gelesen haben, werfen Sie weg.

6 Aufheben und sortieren: Möchten Sie Artikel aufheben, legen Sie einen Aktenordner an und sortieren den Inhalt nach Themen: Gesundheit, Reisen, Finanzen etc. Das klappt auch digital: Text per Handy fotografieren, als Anhang an sich selbst mailen und am Rechner speichern.

ALLES AN SEINEN PLATZ – DANN IST PLATZ FÜR ALLE

In vielen Familien ist Aufräumen ein heikles Thema und führt schnell zu Konflikten. Vor allem in gemeinschaftlich genutzten Räumen wie dem Wohnzimmer liegen ständig Sachen herum – doch Schimpfen und dauernde Ermahnungen bringen oft wenig und belasten das Familienklima.

Meist steckt kein böser Wille dahinter – sondern das unterschiedliche Ordnungsempfinden verschiedener Familienmitglieder. Denn: **Ob man etwas liegen lässt oder wegräumt, hat vor allem damit zu tun, ob man es als störend empfindet.** Diese Empfindung ist individuell und schwer verhandelbar. Versuchen Sie es deshalb mit Rücksichtnahme, Toleranz und Großzügigkeit.

Ordnung per Vertrag

Am besten, Sie schließen innerhalb der Familie einen Ordnungsvertrag. Berufen Sie dafür ruhig eine kleine Familienkonferenz ein. Vereinbaren Sie gemeinsam, welcher Grad an Ordnung in Ihrem Wohnzimmer herrschen soll. Legen Sie eindeutige Regeln fest, die alle Familienmitglieder mittragen können – und schreiben Sie diese Regeln auf. Entscheidend für das Funktionieren ist, dass tatsächlich alle am Zustandekommen der Vereinbarung beteiligt sind, also auch Wünsche von Kindern ab ca. 5 Jahren Berücksichtigung finden.

Verantwortung und Spaß

Klären Sie, wer wofür Verantwortung trägt. Gerade, weil es sich um einen gemeinsam genutzten Raum handelt, sollten sich alle in der Familie für die Ordnung verantwortlich fühlen. Mit größeren Kindern können Sie vereinbaren, wer an welchem Wochentag für die Ordnung im Wohnzimmer zuständig ist. Denkbar ist auch eine wochenweise Zuständigkeit. Oder Sie vereinbaren, dass alle – etwa vor Abendessen beziehungsweise vor dem Schlafengehen – kurz gemeinsam aufräumen. Das kann sogar Spaß machen. Glauben Sie nicht? Wie wär's mit einer Aufräum-Playlist – oder einem spielerischen Wettstreit, inklusive Stoppuhr?

Das Prinzip „Heimat"

Sobald Sie eine Grundordnung festgelegt haben und jedes Ding seinen festen Platz in der Wohnung, seine Heimat hat, ist alles schnell weggeräumt.

Zurück in die Zimmer

Weitere Entlastung schafft die „Transferkiste": Was nicht ins Wohnzimmer gehört, sammeln Sie in einem schönen Korb oder einer dekorativen Box und bringen sie ein- bis zweimal pro Woche in die Zimmer, in die sie gehören. Auch diese Aufgabe lässt sich innerhalb der Familie verteilen.

Nebenbei Ordnung schaffen

In Abwandlung einer Kellnerregel können Sie zum Beispiel vereinbaren, dass nach Möglichkeit kein Familienmitglied das Wohnzimmer mit leeren Händen verlässt. Nimmt jeder jedes Mal etwas Herumliegendes in den Raum mit, in dem es seine Heimat hat, wird das Wohnzimmer permanent aufgeräumt – quasi im Vorbeigehen.

Das Prinzip „Aufräumen nebenbei" lässt sich ohne Weiteres auf die gesamte Wohnung übertragen. Sie werden sehen, wie schnell es zum Automatismus wird, wenn Sie es üben und ein paar Wochen regelmäßig anwenden. Das Schaffen von Ordnung klappt so zwar nicht – doch zumindest wird das Halten zu einem festen Bestandteil Ihres Alltags, ohne besonders anstrengend oder nervig zu sein.

DAS BRINGT IHNEN EINE „TRANSFERKISTE"

WOHIN MIT DER JACKE, deren Reißverschluss kaputt ist? Wohin mit den Schuhen, die neu besohlt werden müssen? Wohin mit der Kuchenform der Freundin, die sie bei der Geburtstagsfeier vergessen hat?

FÜR ALL DIESE DINGE empfiehlt es sich, eine Transferkiste in der Wohnung einzurichten: In sie kommt alles, was in die Reinigung soll, für die Reparatur bestimmt ist oder eine Rückgabe erfordert.

DIE „KISTE MIT DEN DREI R" ist ein Ort des Übergangs und der Erinnerung. Was Sie darin zwischenlagern, sollte zeitnah seinen Weg aus Ihrer Wohnung finden.

HABEN SIE IM FLUR ausreichend Platz, verstauen Sie die Transferkiste gut zugänglich im Flurschrank. Sie sollte keinen Deckel haben, damit Sie die Sachen nicht vergessen.

GEWÖHNEN SIE SICH AN, beim Verlassen des Hauses in die Kiste zu schauen. Vielleicht liegt die Reinigung oder der Schuster auf Ihrem Weg? Oder Sie schreiben „Reinigung" oder „Schuster" auf Ihre To-do-Liste, damit Sie Ihren Tag entsprechend planen können.

Einladend und praktisch
Helle Farben, viel Tageslicht und ein Spiegel lassen den Flur größer erscheinen. Damit er nicht zu voll wirkt, sollten hier nur Dinge ihren Platz finden, die oft benutzt werden.

DER FLUR

Viele Flure sind klein und eng, es fehlt an Stauraum und Ablagemöglichkeiten. Dennoch müssen sie – gerade bei Familien – viele Dinge beherbergen: Schuhe, Jacken, Schals, Mützen, Handtaschen, Rucksäcke, Einkaufstaschen, Schulranzen, Fahrradhelme, Schlüssel, Hunde-Equipment etc. Ein Dilemma – aber keines, dem Sie nicht entkommen.

Funktional: Der Flur ist der erste Raum, den Sie beim Heimkommen betreten und den Gäste zu Gesicht bekommen. Er sollte einladend aussehen, nicht unordentlich wirken – und praktisch sein. **Fußmatten vor und hinter der Eingangstür halten den Schmutz fern.** Taschen, Schlüssel und andere Dinge, die beim Verlassen der Wohnung in Reichweite sein sollen, räumen Sie in leicht zugängliche Regale, Schubladen, Boxen oder Ablagekörbe.

Kleidung: Ist Ihr Flur klein, aber Ihre Familie groß, verabreden Sie folgende Regel: Pro Person sind ein bis zwei Jacken, ein paar Schuhe, ein Paar Hausschuhe etc. erlaubt, die im Moment benutzt werden. Jeder bekommt ein bis zwei Bügel, eine Schublade für Handschuhe, Mütze und Schals, eine Schublade für Kleinigkeiten wie Schlüssel, Geldbörse, Taschentücher, Taschenlampe etc. und ein ausreichend großes Fach für seine Tasche(n). Alles andere wird in den Zimmern, der Abstellkammer oder – bei selten benutzen Sachen – im Keller beziehungsweise auf dem Dachboden aufbewahrt.

Schuhe: Ein aktuell benutztes Paar, ein paar Hausschuhe – in großen Familien ist das schon alles, was im Flur stehen darf, soll es darin nicht zu voll werden. Singles und Paare haben da deutlich mehr Spielraum. Umfangreiche Schuhsammlungen sollten aber auch sie anderweitig unterbringen (siehe S. 136/137).

Post: Für Post- und Zeitungsstapel ist ein Flur der falsche Platz. Gewöhnen Sie sich an, die relevante Post in den Posteingang – also ein Ablagefach auf Ihrem Schreibtisch – zu räumen (siehe S. 108/109). **Zeitungen, Kataloge etc. legen Sie dorthin, wo Sie sie später lesen wollen, den Rest werfen Sie ins Altpapier.**

Abfall: Haben Sie das Glück, einen großen, geräumigen Flur zu besitzen, deponieren Sie darin eine dezente Box für Altpapier und eine für Altglas. Auf diese Weise entlasten Sie Küche oder Abstellkammer. Sinnvoll ist auch eine Transferkiste für sämtliche Sachen, die Sie zurückgeben oder zur Reparatur bringen wollen (siehe S. 103)

GANZ SCHÖN ÜBERSICHTLICH!

JEDES DING AN SEINEN PLATZ: Dieser Grundsatz bewährt sich nirgendwo so gut wie in räumlich beengten Verhältnissen. Ein Paradebeispiel ist der Flur.

Schlüssel

Im gesamten Haushalt sollte es nur einen Platz für Schlüssel geben. Eine Schale oder eine Hakenleiste sorgen dafür, dass nichts verloren geht.

Utensilien

Herrscht Mangel an Schubladen, lassen sich Handschuhe, Mützen und Schals auch in kleineren Körben und Boxen unterbringen – am besten bekommt jedes Familienmitglied seine eigene.

Thematisch oder persönlich

Wer Platz hat, ordnet Schubladen thematisch – Freizeit, Fahrrad, Technik etc. – oder teilt jedem Familienmitglied eine eigene zu.

Spiegel

Ein Spiegel lässt den Eingangsbereich geräumiger wirken. Reflektiert er Licht aus einem angrenzenden Zimmer, ist es im Flur deutlich heller.

Garderobe

Kleiderstangen mit Bügeln brauchen weniger Platz als Hakenleisten und sind eleganter als Garderobenständer. Lassen Sie ein paar Bügel für Gäste frei.

Taschen & Co.

Größere Körbe eignen sich, um Schulranzen, Rucksäcke sowie Fahrradhelme und Regenhosen zu verstauen. Sie sollten jedoch regelmäßig aufgeräumt werden.

Schirme

Schirme lassen sich in einen Schirmständer stellen oder liegend in einem breiten Schrankfach verstauen. Klappschirme passen in eine Schublade.

WAS TUN MIT DEN SCHUHEN?

Zu Beginn ein Tipp für Schuhsammler mit ausreichend Platz in Regal oder Schrank: Besorgen Sie sich schöne, einheitliche Schuhboxen, die sich gut stapeln lassen. Schaffen Sie so für jedes Schuhpaar sein eigenes kleines Reich. Die Kartons sollten vorn ein Sichtfenster haben und einen Griff zum Herausziehen.

Manche Kleiderschränke verfügen ebenfalls über ausziehbare Vorrichtungen für Schuhe. Doch meist reicht der Platz nicht für alle Schuhpaare. Zudem setzt sich der Geruch getragener Schuhe in der Kleidung fest. Wollen Sie Schuhe also im Kleiderschrank aufbewahren, dann besser in einem abgetrennten Teil.

Schuhregal

Worauf kommt's an?
Für flache Schuhe reicht ein Standard-Modell. Wollen Sie unterschiedlich hohe Schuhe unterbringen, achten Sie beim Kauf auf höhenverstellbare Böden. Variieren Sie die Fachhöhe passend zu Schuhtypen: Stiefel und Boots, High-Heels und Stiefeletten, Sneakers und flache Schuhe.

Extra-Tipp: Wer sagt, dass man in ein Buchregal nur Bücher stellen kann? Ein Regal mit Fächern in unterschiedlichen Höhen bietet ebenso Platz für Pumps, Sneakers und sogar Stiefel. Oft sind jedoch zusätzliche Bretter erforderlich.

Schuhschrank

Worauf kommt's an?
Auch bei der Auswahl eines Schuhschranks sollten Sie auf höhenverstellbare Fächer achten. Der große Vorteil: Im Gegensatz zum offenen Schuhregal sorgen geschlossene Türen optisch für Ruhe und Klarheit im Flur – und nebenbei stauben die Schuhe weniger ein.

Extra-Tipp: Um Platz zu gewinnen, stellen Sie die Schuhe jeweils gegenein- ander: Der linke zeigt nach vorne, der rechte nach hinten. So schmiegen sich die Schuhe platzsparend aneinander. Oder Sie nutzen Schuhstapler. So finden Ihre Schuhe übereinander Platz.

Klappenschrank

Worauf kommt's an? Schuhschränke mit nach vorn öffnenden Klappen eignen sich vor allem für kleine und schmale Flure. Aufgrund ihrer geringen Tiefe benötigen sie wenig Platz. Nachteil: Stiefel, Stiefeletten, Boots und High-Heels passen oft nicht hinein.

Extra-Tipp: Bringen Sie mehrere halbhohe Klappenschränke direkt nebeneinander an einer Flurwand an und befestigen Sie auf der gesamten Oberseite eine schöne Holzplatte. Das sieht schlicht und elegant aus und macht aus den Schränken einen Hingucker.

Schuhtruhe

Worauf kommt's an? Wer ausreichend Platz im Flur hat, kann sich für eine Schuhtruhe mit klappbarem Deckel entscheiden. Das ist eine clevere Methode, um Schuhe zu verstauen, denn so haben Sie zusätzlich eine bequeme Sitzmöglichkeit beim Anziehen der Schuhe.

Extra-Tipp: Damit nicht alle Schuhe durcheinander fliegen, unterteilen Sie den Innenraum Ihrer Schuhtruhe mit einem Einsatz aus Sperrholz in einzelne Bereiche – je einer für jedes Schuhpaar. Und: Wer die Schuhe hochkant stellt, bekommt mehr von ihnen unter.

„Stiefelstange"

Worauf kommt's an? Wohin mit den sperrigen Stiefeln? Ins Schuhregal oder in den Schuhschrank passen sie nur geknickt, mit Stiefelspannern fallen sie dauernd um. Die Lösung ist eine Kleiderstange in der Kammer, im Keller oder in einem Schrank, an die sich die Stiefel mit Klammern hängen lassen wie Hemden im Kleiderschrank.

Extra-Tipp: Besorgen Sie zusätzlich stabile Schuhbügel, dann können Sie die Stiefel-Stange auch für Schuhe nutzen, die wegen ihrer Größe keinen Platz im Klappenschrank finden.

Sichtbar sauber
Das Bad ist ein Ort der Sauberkeit und Hygiene, an dem Sie Ihrem Körper pflegen und ihm Gutes tun. Wählen Sie Ihre Einrichtung so, dass sie dieses Gefühl unterstützt.

DAS BAD

Im Badezimmer möchten Sie und Ihre Familie einen möglichst angenehmen Start in den Tag erleben. Die Chancen darauf stehen gut, wenn das Bad aufgeräumt und sauber ist und Sie alles finden, ohne lange danach zu suchen. Folgende sieben Goldene Regeln helfen Ihnen dabei.

1 Aufräumen: Ob am Waschbecken oder auf dem Rand der Badewanne – um das Bad schnell und gründlich putzen zu können, lassen Sie so wenig wie möglich offen herumstehen.

2 Sortieren: Wohnen Sie nicht allein, dann trennen Sie im Bad Dinge, die Sie gemeinsam nutzen – also etwa Duschgel, Shampoo, Haartrockner, Nagelschere, Handtücher und Toilettenpapier – räumlich von den Sachen, die jedes Familienmitglied für sich selbst verwendet.

3 Verstauen: Die meisten Bäder sind klein – oft zu klein für eine Familie. Verstauen Sie die Dinge thematisch oder nach Personen sortiert in Boxen und legen Sie dabei eindeutige Plätze fest. Denken Sie gleichzeitig über die optimale Raumnutzung nach: Ist der Platz unter dem Waschbecken effektiv genutzt? Wo könnte man noch einen geschlossenen Schrank aufstellen oder ein Regal anbringen?

4 Herankommen: Häufig genutzte Dinge sollten Sie gut zugänglich aufbewahren. Seltener Genutztes wie Wärmflasche, Inhaliergerät oder Fön-Aufsatz kann weiter oben in Schrank oder Regal verstaut werden, am besten ebenfalls in passenden Boxen. Überlegen Sie außerdem, wo sich Haken für Bademäntel & Co. sowie Handtuchhalter installieren lassen.

5 Aussortieren: Können Sie den kleinen Gratisproben nicht widerstehen, behalten Sie zumindest nur wenige und brauchen Sie diese zügig auf.

6 Auslagern: Wer wenig Platz in seinem Bad hat, verstaut hier keine oder höchstens ein bis zwei Putzmittel. Meist reichen ohnehin Essig- und WC-Reiniger. Auch Medikamente und Nachfüllpackungen lassen sich bei Platzmangel besser außerhalb des Bades aufbewahren.

7 Gestalten: Bringen Sie Frische in Ihr Bad, indem Sie es farblich neu gestalten: Ein neuer Wandanstrich passend zu den Kacheln, dazu ein neuer, passender Duschvorhang und farblich abgestimmte Badvorleger und neue Handtücher werten jedes Bad auf (siehe S. 116/117).

WIE SIE DEN WÄSCHEBERG ENTSPANNT ABTRAGEN

Besitzen Sie eine Waschküche oder einen Hauswirtschaftsraum? Glückwunsch – das ist wahrer Luxus! Steht die Waschmaschine in Bad oder Küche? Dann ärgern Sie sich vermutlich regelmäßig über den Wäscheständer in Wohn- oder Schlafzimmer. Ganz zu schweigen von den Wäschekörben, in denen sich ungebügelte oder wegzuräumende Kleidung stapelt. Nicht nur, dass einen der Anblick ständig an ungetane Arbeit erinnert – es sieht einfach unschön aus.

TIPP 1: Mehrere Wäschesammler

Verwenden Sie mehrere Wäschesammler – und zwar so, dass die Größe eines Korbes dem Volumen einer Waschtrommel entspricht. So können Sie immer sehen, wann ausreichend Wäsche für eine Waschmaschinenladung zusammengekommen ist. Die Waschtrommel sollte weder überfüllt noch halbvoll sein, Wasser Strom und Waschmittel optimal zu nutzen.

TIPP 2: Schmutzwäsche vorsortieren

Haben Sie ausreichend Platz für mehrere Wäschesammler, sortieren Sie die Schmutzwäsche gleich beim Hineinwerfen entsprechend der benutzten Wasch-Programme: Koch- und Buntwäsche, Pflegeleicht, Feinwäsche/Wolle.

Extra-Tipp: Besprechen Sie die Vorsortierung Ihrer Schmutzwäsche mit allen Familienmitgliedern. Beschriften Sie die Wäschesammler. Dann kann jeder seine Wäsche in den dafür vorgesehen Korb werfen.

TIPP 3: Festen Waschtag einführen

Gewöhnen Sie sich eine Wäschewasch-Routine an! Waschen Sie Ihre Wäsche an einem festen Tag in der Woche, hängen Sie sie auf und nehmen Sie sie am folgenden Tag ab. Legen Sie sie zusammen, bügeln Sie sie und räumen Sie sie an ihren Platz. Planen Sie Ihre „Wäsche-Slots" in Ihren Wochenablauf ein. Dann steht der Wäscheständer nur noch einen Tag herum. Es sammeln sich keine Wäscheberge mehr an.

TIPP 4: Richtig aufhängen

Feuchte Wäsche sollte beim Trocknen weder ausleiern noch durch Leinen und Klammern hässliche Abdrücke bekommen. Platzieren Sie die Klammern möglichst auf einer Naht und schlagen Sie die Kleidungsstücke vor dem Aufhängen kräftig aus, damit möglichst viele Wäschestücke glatt hängen. Wollsachen trocknen Sie am besten im Liegen mit einem Handtuch auf den Leinen des Wäscheständers.

TIPP 5: Sofort wegräumen

Haben Sie einen Hauswirtschaftsraum, installieren Sie – am besten über Waschmaschine und Trockner – eine durchgehende Arbeitsfläche. Auf dieser können Sie trockene Wäsche zusammenlegen und für das Einräumen vorsortieren. Ordnen Sie jedem Familienmitglied einen Korb für die fertige Wäsche zu und stellen Sie diesen zum Selbst-Einräumen in das jeweilige Zimmer. Damit der ungenutzte Wäscheständer oder das Bügelbrett nicht im Weg stehen, klappen Sie beides zusammen und hängen sie an Wandhaken in der Kammer oder im Hauswirtschaftsraum auf.

TIPP 6: Wenige Waschmittel

Auch beim Waschmittel gilt: Weniger ist mehr! Die Verbraucherzentrale Hamburg empfiehlt ein Vollwaschmittel für Weißes, ein Colorwaschmittel für Buntes und ein Feinwaschmittel für Wolle und empfindliche Textilien. Weichspüler können Sie grundsätzlich weglassen. Wollen Sie nicht auf ihn verzichten, sollten Sie ihn möglichst sparsam verwenden, denn er belastet die Umwelt. Zudem verringert er die Saugfähigkeit von Handtüchern, kann für empfindliche Haut problematisch sein und Allergien auslösen. Als Ersatz verwenden Sie Essig oder Essigessenz. Schon eine kleine Menge von ca. 30 Millilitern pro Waschgang reicht aus, um Ihre Wäsche angenehm weich zu machen. Der Essiggeruch verfliegt im Nu und bleibt nicht an der Wäsche haften. Gleichzeitig schützt der Essig die Maschine vor Kalkablagerungen.

Verstauen Sie Ihre Waschmittel möglichst in der Nähe der Waschmaschine in einem Schrank, denn sie sind keine Zierde für Ihr Badezimmer. Nachfüllpacks sind verpackungsärmer als komplett neue Flaschen.

Extra-Tipp: Die Stiftung Warentest untersucht regelmäßig Voll- und Colorwaschmittel. Im aktuellen Test von 20 Colorwaschmitteln (test 2/2023) wäscht Persil Color Megaperls am besten sauber. Rossmanns Domol Colorwaschmittel liegt knapp auf Platz zwei, ist aber deutlich günstiger. Lidl Formil Color und dm Colorwaschmittel sind die besten Flüssigen. Das beste Sensitivwaschmittel ist dm Colorwaschmittel Ultra Sensitive.

Tipp 7: Pulver statt Flüssigmittel

Da Flüssigwaschmittel mehr Tenside enthalten, belasten sie Gewässer stärker als Waschpulver. Zudem ist pro Waschgang mehr Waschmittel erforderlich, um das gleiche Ergebnis zu erzielen. Und auch unter dem Abfallaspekt ist Waschpulver besser: Es ist meist in Pappkartons statt in Plastikflaschen verpackt.

Extra-Tipp: Seit 2018 sind Colorwaschmittel höher konzentriert. Pro Waschgang ist also weniger Waschmittel nötig. Exaktes Dosieren ist gut für Geldbeutel und Umwelt – auf der Verpackung steht, wie's geht!

VON ALLEM ETWAS?

PROBLEMZONE: Weil wir schön sein wollen, sind viele Bäder mit Kosmetikprodukten überfrachtet.

Laut Statistik verbringen wir alle pro Woche rund **FÜNF STUNDEN** mit Waschen, Cremen, Rasieren und Schminken. Ihre Schönheit ließen sich Verbraucher 2018 insgesamt 13,8 Milliarden Euro kosten, allein 3,2 Milliarden für Gesichts- und Hautpflegemittel.

GEGEN EINE GEWISSE AUSWAHL an Nagellack, Cremes und Parfums ist nichts einzuwenden. Auch Schminkutensilien, Nagelfeilen, Bürsten, Wattepads und Hygieneartikel gehören in den Vorrat. Wichtig ist, dass Sie all Ihre Produkte kennen und benutzen. Verstauen Sie Ihre Kosmetika thematisch sortiert in durchsichtigen Boxen passender Größe. Alte Cremedöschen, angetrocknete Probepackungen und offene Gratispäckchen aus Zeitschriften machen Ihnen nicht nur einen Strich durch die Sortierung, sie verschmutzen auch Ihre Aufbewahrungsbox.

NUR DAS BESTE!

KEINE FRAGE DER MENGE: Meist reichen eine Creme, eine Seife und ein Shampoo.

Inzwischen gibt es Nagellacksorten, die **OHNE FORMALDEHYD** auskommen. In gewöhnlichen Nagellacken sind dieser und weitere gesundheitsschädliche Stoffe enthalten.

WENIGER HILFT VIEL: Räumen Sie Ihren Badschrank aus und entsorgen Sie alle Produkte, die alt sind und nicht mehr gebraucht werden. Nehmen Sie sich vor, die Menge Ihrer Kosmetika zu begrenzen und nur noch Produkte nachzukaufen, die Sie wirklich verwenden. Das spart Platz und Geld. Ist Ihr Badezimmerschrank zu klein, räumen Sie die Vorräte in eine größere Box in die Kammer oder einen Schrank. Umweltfreundlicher sind Produkte, die weder Mikroplastik noch Palmöl enthalten. Vegane Kosmetikartikel werden nicht an Tieren getestet.

Sehen und entspannen
Schöne Handtücher in Farben, die zu Ihren Fliesen passen, bringen Ruhe, Klarheit und Harmonie in Ihr Badezimmer.

HANDTÜCHER MANAGEN

Wie viele Handtücher braucht der Mensch? Auf jeden Fall weniger, als die meisten von uns besitzen – darunter uralte und verschlissene Exemplare, die längst aussortiert gehören. Der Rest ist ein buntes Sammelsurium an Größen, Farben und Qualitäten, hat keinen ausreichenden Platz im Schrank oder befindet sich an verschiedenen Stellen.

1 **Berechnung:** Wenn Sie ca. ein Mal pro Woche Wäsche waschen und Ihre Handtücher wöchentlich wechseln, benötigen Sie maximal vier Handtücher: zwei kleinere (50 x 100 Zentimeter) und zwei Duschtücher (70 x 140 Zentimeter). Ein Handtuch jeder Größe ist jeweils in Benutzung, das andere liegt als Reserve bereit, wenn das erste in die Wäsche wandert. Treiben Sie regelmäßig Sport, gehen gern in die Sauna oder besuchen öfter ein Schwimmbad, kommen zwei kleinere Handtücher und zwei Badehandtücher (100 x 150 Zentimeter) hinzu. Für Gäste und / oder die Gästetoilette reichen in den meisten Fällen sechs bis acht Gästehandtücher aus.

Mit anderen Worten: Eine durchschnittliche vierköpfige Familie braucht nicht mehr als 16 bis 24 Handtücher.

2 **Farbenspiel:** Sortieren Sie zunächst fleckige Handtücher aus und abgenutzte, die sich nicht mehr angenehm anfühlen. Entscheiden Sie dann, welche Ihnen farblich gefallen. Achten Sie beim Neusortieren darauf, dass die Farben zum einen zueinander passen und zum anderen mit den Farben Ihres Badezimmers harmonieren. Sie werden sehen: Ihr Bad wirkt gleich harmonischer und strahlt mehr Ruhe aus!

3 **Qualität:** Kaufen Sie, falls nötig, neue Handtücher und achten Sie auf gute Qualität. Handtücher sollten saugstark, flauschig, farbecht, pflegeleicht und formstabil sein. Dabei ist der Preis nicht zwingend ein Garant für hochwertige Handtücher. Meist ist es sinnvoll, Handtücher im Set zu kaufen. Das sieht nicht nur dekorativer aus – auch der Preis pro Handtuch ist im Set meist deutlich niedriger.

4 **Pflege:** Bügeln ist bei Handtüchern überflüssig, denn mit platt gedrückten Stoffschlaufen kann das Handtuch viel weniger Wasser aufnehmen.

5 **Hygiene:** Geben Sie jeweils einen Esslöffel Essigessenz zur Wäsche – schon verschwinden hässliche Grauschleier und Flecken auf den Handtüchern. Auch Fusseln bleiben dann nicht mehr so leicht an ihnen hängen.

NACHKAUFEN?

BUNT, BILLIG, HÄSSLICH: Verpackungen von Körperpflegemitteln sind meist eine Zumutung für die Sinne.

Am einfachsten lässt sich unnötiger **ABFALL** durch sparsames Konsumieren verhindern. Etwa durch den Verzicht auf unnötig viele oder doppelt verpackte Produkte.

WILDES CHAOS: Shampoos, Conditioner und Duschgels werden fast ausschließlich in bunten Flaschen aus billigem Plastik mit schrillen Etiketten abgefüllt. Läuft man durch den Drogeriemarkt, hört man sie förmlich schreien: Kauf mich! Spätestens in Ihrem Badezimmer sind die Verpackungen ein ästhetisches Ärgernis und sorgen optisch für Unruhe. Besteht dann noch jedes Familienmitglied auf seiner eigenen Marke, dominiert die grelle Plastikflaschen-Parade im Nullkommanix die gesamte Atmosphäre Ihres Badezimmers. Wollen Sie das?

NACHFÜLLEN!

HOCHWERTIGE SPENDER machen einen aufgeräumten Eindruck und bringen Ruhe ins Bad.

Ökologisch gesehen sind Spender sinnvoll, die lange genutzt werden. Für Herstellung und **RECYCLING** ist meist eine Menge Energie nötig.

PERFEKT!

Vor allem Anbieter von Naturprodukten bieten Nachfüllpacks für Shampoo, Duschgel, Wasch- und Reinigungsmittel an.

WIDER DEN PLASTIKMÜLL: Mit dem Material geht es los: Besorgen Sie sich schlichte, einfarbige Seifenspender aus Glas – alternativ aus Keramik, Edelstahl oder Kunststoff – und versuchen Sie, sich mit Ihrem Partner oder Ihren Familienangehörigen auf eine begrenzte Zahl an ökologisch verträglichen Körperpflegeprodukten zu einigen. Kaufen Sie Vorratsgrößen und füllen Sie Shampoo oder Duschgel bei Bedarf nach. So vermeiden Sie Plastikmüll, tun etwas für die Umwelt und sorgen zugleich für ein schönes und übersichtliches Bad.

EIN BAD FÜR ALLE!

WENN DIE GANZE FAMILIE MITMACHT, wird das Badezimmer von einer Chaoszone zur Wohlfühloase.

Gut getrocknet

Jede Zahnbürste steht zum Trocknen in einem eigenen Becher. Dieser lässt sich im Spiegel- oder Badschrank aufbewahren.

Fester Platz

Jeder Badnutzer bekommt ein bis zwei Haken oder einen festen Platz auf einem Handtuchwärmer.

Vorräte auslagern

Im einem kleinen Bad befinden sich nur Cremes, Duschgels, Zahncremes und Shampoos, die aktuell genutzt werden.

Ab ins Körbchen

Jedes Familienmitglied erhält ein bis zwei Körbe oder Boxen mit Unterteilungen für persönliche Dinge wie Kosmetik & Co.

Familiär geteilt

Nutzen Sie möglichst viele Produkte gemeinsam, damit in der Dusche nicht zu viele Fläschchen herumstehen.

Klar zum Waschen

Ein Wäschesammler verhindert, dass schmutzige Wäsche auf dem Boden liegt. Jedes Familienmitglied wirft seine Wäsche selbst hinein.

FARBEN EIGNEN SICH sehr gut, um Handtücher, Zahnbürsten und Aufbewahrungsboxen verschiedener Personen auseinanderzuhalten.

Am besten ordnen Sie jedem Familienmitglied eine Farbe zu. Damit es jedoch auf den Ablagen und im Badschrank nicht kunterbunt zugeht, empfiehlt es sich, möglichst innerhalb einer Farbfamilie zu bleiben. Setzen Sie zum Beispiel auf Blau, Hellblau, Grün und Hellgrün oder auch auf Gelb, Orange und Rot in ihren Abstufungen. Achten Sie bei Ihrer Auswahl darauf, dass die Farben zu den Fliesen im Bad passen.

Ob Handtuch, Zahnbürste oder Gesichtscreme: Auch im Bad bekommen sämtliche Utensilien einen festen Platz und wandern nach der Benutzung an diesen zurück – sei es Handtuchhalter, Zahnputzbecher oder Aufbewahrungsbox. Falls nicht ausreichend vorhanden: Schaffen Sie Ablageflächen und Aufbewahrungsmöglichkeiten.

Goldene Regel: Wo Unordnung gar nicht erst entsteht, muss später auch nicht aufgeräumt werden.

Ruhiger Rückzugsort
Je aufgeräumter, klarer und harmonischer es im Schlafzimmer aussieht, desto besser können Sie sich darin erholen.

DAS SCHLAF-ZIMMER

Ein Ort der Ruhe, Erholung, Leichtigkeit und Harmonie soll das Schlafzimmer sein, ein kuscheliger Rückzugsort für Zweisamkeit und Intimität. Leider klappt das nicht immer. Wann soll sich die Ordung einstellen, wenn der Raum am Morgen in Eile verlassen und erst wieder müde am Abend betreten wird? Mit diesen Tipps gelingt es.

Entschlacken: Erschaffen Sie sich einen Ort, an dem Sie sich geborgen fühlen und sich fallen lassen können, an dem Sie Ruhe finden und gut schlafen können. Gehen Sie beim Ausräumen und Umgestalten Ihres Schlafzimmers zunächst vor wie in anderen Räumen: Beantworten Sie für alle Dinge, die sich dort befinden, die fünf Aufräumfragen (siehe S. 31).

Stauraum: Vertrauen Sie nicht den Katalogbildern und Angeboten von flachen Staukisten unter dem Bett. Halten Sie diesen Bereich frei! So kann nicht nur Ihre Matratze von unten besser auslüften, der ganze Raum wirkt leichter, freier. Haben Sie im Schlafzimmer zu wenig Stauraum, lagern Sie selten genutzte Dinge nach Möglichkeit aus. Falls das nicht geht, verwenden Sie ansprechende Aufbewahrungsboxen – zum Beispiel mit Leinenüberzug –, die zu den Farben Ihres Schlafzimmers passen.

Entspannen: Verzichten Sie im Schlafzimmer möglichst auf einen Fernseher, Fitnessgeräte und einen Arbeitsbereich. All das trägt nicht zu einer entspannten Atmosphäre bei. Insbesondere blaues Licht, von Bildschirmen und Displays, verwirrt Ihren Biorhythmus und lässt Sie schwerer einschlafen. Sollte sich eine Arbeitsecke beim besten Willen nicht vermeiden lassen, trennen Sie diesen Bereich durch einen Paravent, ein Bücherregal oder einen anderen Raumteiler ab. **Wichtig ist, dass Sie vom Bett aus nicht auf unerledigte Arbeit blicken.**

Schlafqualität: Guter Schlaf ist essenziell für Ihre Lebensqualität. Sorgen Sie für frische Luft und eine angenehme Raumtemperatur. Vielleicht bringt auch ein neues Bett oder zumindest eine neue, gute Matratze die entscheidende Veränderung zum Positiven.

Getestet: Die Stiftung Warentest untersucht regelmäßig Matratzen. Eine große Übersicht zu den unterschiedlichen Körpertypen, Tipps zur Pflege und ein Glossar finden sie kostenlos unter www.test.de/matratzentest. Die Ergebnisse aller 250 getesteten Matratzen können Sie für fünf Euro abrufen.

ANHÄUFEN?

VIELE SCHLAFZIMMER SEHEN AUS, als gäbe es darin weder Kleiderschränke noch Kommoden.

Wegen eines **FLECKS** muss kein Kleidungsstück in die Wäsche – wenn Sie den Fleck sofort behandeln – mit einem sauberen Lappen, warmem Wasser und etwas Spülmittel.

BESSER NICHT!

Stellen Sie den Korb für die Schmutzwäsche nicht ins Schlafzimmer – sonst leidet das Schlafklima.

EIN EWIGES ÄRGERNIS IM SCHLAFZIMMER – Kleiderberge überall! Klamotten sammeln sich zum Auslüften vor allem auf Stühlen, aber auch über dem Bügelbrett, auf dem Stummen Diener oder auf Bügeln, die an Türklinken oder Schranktüren hängen. Wohin mit der Kleidung, die schon einmal getragen wurde, die aber eigentlich noch sauber ist? Manche Menschen scheuen sich, getragene Sachen wieder in den Schrank zu hängen – und damit den Frischeduft zu beeinträchtigen. Aber mal ehrlich: Im Stapel lüften die Sachen auch nicht aus.

AUSLÜFTEN!

WER NICHT ALLES SOFORT WÄSCHT, spart Zeit und schont die Umwelt.

Die UV-Strahlen des **SONNENLICHTS** desinfizieren Kleidungsstücke zwar – hängen farbige Kleidungsstücke jedoch zu lange in der prallen Sonne, bleichen sie aus.

Stärker verschmutzte oder verschwitzte Kleidungsstücke, etwa **SPORTSACHEN**, lassen sich kaum komplett auslüften. In solchen Fällen hilft nur: ab in die Waschmaschine!

DAS PROBLEM LÄSST SICH EINFACH LÖSEN: Schmutzige und verschwitzte Kleidung wandert direkt in die Wäsche. Alles andere räumen Sie entweder sofort wieder in den Schrank oder – falls sie einen leichten Geruch daran feststellen – lassen es über Nacht auslüften. Bringen Sie dazu neben Ihrem Kleiderschrank, hinter der Tür, auf Ihrer Terrasse oder Ihrem Balkon einen Klapphaken an. Am nächsten Tag kann alles, was Sie nicht sofort wieder anziehen, zurück in den Schrank. Der Klapphaken verschwindet bei Nichtbenutzung dezent in seiner Fassung.

AUFGETÜRMT?

DAS PRINZIP DES STAPELNS wirkt ordentlich, birgt jedoch enorme Nachteile.

Wie der berühmte **SCHIEFE TURM** von Pisa tendieren auch Kleiderstapel zum Umkippen. Deshalb sollte man sie in Schrankfächern möglichst vermeiden.

JEDE MENGE ARBEIT macht das sorgfältige Falten und Stapeln von T-Shirts, Tops und Trägerhemdchen. Doch wie kommen Sie jetzt an das Teil ganz unten heran? Dazu ist Geschicklichkeit und Jonglierkunst erforderlich – oder Geduld, wenn der Stapel umkippt und Sie ihn anschließend erneut bauen müssen. Bei T-Shirts kein Problem – doch bei Tischdecken, Handtüchern und Bettwäsche würde man sich den zweiten Stapel gern sparen. Senkrecht in Schubläden steht der Turmbau zwar stabil, dafür sehen Sie wiederum nicht, was unten liegt.

EINGEREIHT!

MIT SIMPLEN BOXEN nutzen Sie Schrankfächer in ihrer ganzen Tiefe.

Falten Sie Ihre Wäsche exakt auf die gewünschte **BREITE** und schlichten Sie sie so in die Box, dass sie von oben bequem an jedes Teil herankommen.

DAS ENDE DER HOCHSTAPELEI – eine simple, praktische und günstige Lösung sind Boxen aus Stoff, Holz oder Pappe, die so lang sind wie das Fach des Schrankes tief. Der Trick besteht darin, die Stapel aus Unterhemden, Geschirrtüchern oder Bettlaken zu kippen und aufrecht in die Boxen zu schichten. Dank der Boxen nutzen Sie den Raum perfekt aus. Ziehen Sie ein Textil heraus, bleibt der Rest in Reihe. Außerdem sehen Sie auf einen Blick, welche T-Shirts oder Pullover Sie haben. Auch Schubladen lassen sich nach diesem Prinzip einräumen.

SCHÖN, SCHÖN, SCHÖN...

...sind alle meine Kleider! Allerdings sind viele Kleiderschränke angefüllt mit Dingen, die dort eigentlich nicht hingehören: Steuerunterlagen, Briefe, Medikamente und vieles andere. Sie sind ein Grund, warum der Platz für die Kleidung oft nicht reicht.

Ein weiterer Grund: Im Laufe der Zeit häuft sich einfach zu viel Kleidung an. Die vermeintlich große Auswahl erschwert die Übersicht und führt zum gegenteiligen Effekt: Wer nie findet, was er sucht, zieht am Ende doch immer das gleiche an – und kauft sich aus Frust bald ein weiteres Teil.

Ausmisten lohnt sich also: Sie sparen Geld und finden vielleicht nebenbei noch ein altes Lieblingskleid wieder.

TIPP 1: Befreien Sie Ihre Schränke

Koffer, Taschen, Rucksäcke – vieles, was sich im Lauf der Zeit auf Schränken, Vitrinen oder Regalen ansammelt, wird selten bis nie genutzt. Würden Sie es vermissen, stünde es nicht da oben. So manches lässt sich bestimmt ohne Weiteres entsorgen. Koffer und Reisetaschen finden im Keller einen besseren Platz, sobald Sie diesen aufgeräumt haben. Sie werden erstaunt sein, wie klar ein Raum wird, wenn Sie Ihre Schränke von ihren Aufbauten befreit haben.

TIPP 2: Ausmisten mit dem Bügeltrick

Hängen Sie sämtliche Kleidungsstücke so in den Schrank, dass der Bügel jeweils in dieselbe Richtung zeigt. Haben Sie ein Kleidungsstück getragen und räumen es wieder zurück in den Schrank, drehen Sie den betreffenden Bügel nach vorn. Alle Sachen, deren Bügel nach einem Jahr noch nach hinten zeigen, können Sie guten Gewissens aussortieren.

TIPP 3: Je beliebter, desto leichter erreichbar

Räumen Sie Kleidung, die Sie seltener tragen – etwa die Heimwerkerkleidung –, in die oberen Schrankfächer. Sachen, die Sie öfter und besonders gern tragen, sollten einfach und schnell zugänglich sein.

TIPP 4: Wie Sie jederzeit den Überblick behalten

Füllen Sie Schubladen nicht mit Kleidungsstapeln – Boxen eignen sich hier besser. Taschen stellen Sie am besten nebeneinander. Schmuck und Accessoires lagern am schönsten gut sichtbar in flachen Schubladen. So können Sie alle Ihre Schätze problemlos überblicken (siehe auch S. 176/177).

HITLISTE

KLEIDUNG ORDNEN MIT SYSTEM: Wer diese Tipps befolgt, öffnet seinen Kleiderschrank künftig wieder voller Freude.

Nur behalten, was gefällt
Bewahren Sie nur Kleidung auf, die Sie wirklich mögen und die Ihnen passt.

Eins rein, eins raus
Rangieren Sie für jedes neue Kleidungsstück ein altes oder kaum getragenes aus.

Schön sortiert
Sortieren Sie Ihre Kleidung, zum Beispiel nach Farben oder nach Kategorien.

Übersichtlich lagern
Für Schuhe nutzen Sie spezielle Einsätze – oder räumen Sie sie von vornherein woanders hin.

Boxen statt Stapel
Kleidungsstapel sind unübersichtlich und kippen um. Boxen sind viel praktischer.

Eine Reihe bilden
Wählen Sie Boxen, die so tief wie der Schrank sind und stellen Sie mehrere nebeneinander.

Immer der Länge nach
T-Shirts sortieren Sie nach kurzen und langen Ärmeln, Strümpfe und Socken nach ihrer Länge.

Sportlich, sportlich
Schaffen Sie ein Fach oder eine Schublade nur für Sportsachen.

Es werde Licht
Eine Schrankbeleuchtung hilft beim Finden. Wer keine hat, bringt ein LED-Band an.

DRAHTVERHAU?

INDEM SIE PROVISORISCHE BÜGEL VERWENDEN, bekommen Sie Ihre Kleider nicht auf die Reihe – jedenfalls nicht knitterfrei.

Hängen Blusen und Pullover erst einmal auf **DRAHTBÜGELN** im Kleiderschrank, dauert es nicht lange, bis ihre Schultern ausgebeult sind. Deshalb: zurück damit in die Reinigung!

BESSER NICHT!

So mancher Designbügel erweist sich in der Praxis als viel untauglicher als das gute alte Standardmodell.

GEDRÄNGE AUF DER STANGE: In vielen Schränken lässt sich die Kulturgeschichte des Kleiderbügels bestens studieren: In allen Größen und Farben hängen da zerbrechliche Plastikbügel aus dem Kaufhaus neben Holzbügeln aus verschiedenen Jahrzehnten und den unvermeidlichen Drahtbügeln aus der Reinigung. Das sieht nicht nur unschön aus: die Bügel verhaken sich permanent ineinander und hinterlassen mitunter hässliche Spuren in Hosenbeinen. Sie haben doch schöne Kleidung! Gönnen Sie ihr also auch schöne Bügel.

BÜGELPARADE!

EINHEITLICHE BÜGEL, in dieselbe Richtung gehängt, vermitteln schon rein optisch einen aufgeräumten Eindruck.

Kleider müssen atmen können, sonst drohen **STOCKFLECKEN** und Schimmelbefall. Hängen Sie Ihre Sachen deshalb möglichst locker in den Schrank, damit die Luft im Inneren zirkulieren kann.

PASSENDE KLEIDERORDNUNG: Ersetzen Sie die bisherige Bügel-Vielfalt durch einheitliche, platzsparende Bügel aus Metall, Holz oder festem Kunststoff. Diese eignen sich für Blusen, Hemden und Hosen. Das ist eine verhältnismäßig kleine Investition mit großem optischem Effekt! Für Ihre Jacken, Mäntel und schweren Anzüge benötigen Sie wahrscheinlich eine zweite, stabilere Sorte von Bügeln. Vermeiden Sie es, Bügel zu eng in den Schrank zu hängen und hängen Sie Kleidungsstücke nicht übereinander auf denselben Bügel.

DAS SCHÖNE SCHLAFZIMMER

Ordnung ist das halbe Leben – und aus Wohlfühlen besteht im Schlafzimmer die andere Hälfte. Vergessen Sie nicht, sich auch dieser zu widmen.

Überlegen Sie sich zunächst, welche Farben Ihnen zusagen. Stehen gerade weder eine Renovierung noch ein Möbelkauf an, orientieren Sie sich an der aktuellen Wandfarbe und bringen mit ein paar passenden Kissen oder einer Tagesdecke neue Akzente in Ihr Refugium. Warum nicht auch eine neue Nachttischlampe oder ein schönes Gemälde kaufen?

Farbgestaltung

Darum geht's: Damit das Schlafzimmer zum Rückzugsort wird, spielen Farben eine wichtige Rolle. Stimmen Sie Teppich, Möbel und Wände aufeinander ab, zum Beispiel mit einem Ton-in-Ton-Konzept. Mögen Sie Weiß, wählen Sie eher ein Cremeweiß als ein hartes, kühles Reinweiß. Auch warmes Beige, pudriges Grau oder behaglich-dunkles Waldgrün wirken beruhigend und entspannend.

Extra-Tipp: Ist der Raum niedrig, streichen Sie die Decke heller als die Wände. Strahlendes Weiß und helle Pastelltöne öffnen das Zimmer optisch nach oben. Dunkle Deckenfarben lassen die Höhe „schrumpfen" und Zimmer behaglicher wirken.

Licht

Darum geht's: Achten Sie auf angenehme Lichtverhältnisse. Schaffen Sie mehrere kleine Lichtquellen. Falls Sie zusätzlich eine Deckenlampe brauchen, sollte sie sich dimmen lassen. Wählen Sie die Nachttisch-Beleuchtung so aus, dass Sie nicht geblendet werden, aber trotzdem ausreichend Licht zum Lesen haben.

Extra-Tipp: Ersetzen Sie Energiesparlampen mit kaltweißem Licht durch Modelle, die warmes Licht spenden. Versuchen Sie, auch das Innere Ihres Kleiderschranks auszuleuchten. Dafür gibt es praktische LED-Leisten, die sich beim Öffnen des Schranks sogar automatisch einschalten und dunkle Ecken im Schrank ausleuchten.

Kunst

Darum geht's: Ein Kunstwerk kann einen meditativen Anblick schenken und die Seele erfreuen. Das ist wichtig – schließlich verbringen wir ein Drittel unseres Lebens im Bett.

Extra-Tipp: Wählen Sie entweder ein abstraktes Bild oder ein beruhigendes, entspannendes Bildmotiv. Hängen Sie das Bild so auf, dass Sie es vom Bett aus gut sehen können. Und: Geben Sie dem Kunstwerk genug Platz, um zu „atmen" – also ausreichend freie Wandfläche drumherum. Wollen Sie mehrere Bilder aufhängen, dann achten Sie darauf, dass Stil und Farben zueinander passen. Mehr zum Thema „Kunst kaufen" lesen Sie auf Seite 172/173.

Nachttisch

Darum geht's: Halten Sie Ihren Nachttisch möglichst frei. Beschränken Sie sich auf eine gute Nachttischlampe, einen Wecker, Ihre Brille und auf das Buch oder die Zeitschrift, die Sie gerade lesen. Taschentücher, Medikamente, Ohrstöpsel etc. verwahren Sie in einer Nachttischschublade.

Extra-Tipp: Auch, wenn es keine eindeutigen wissenschaftlichen Beweise dafür gibt, dass Handystrahlung der Gesundheit schadet: Schalten Sie Ihr Smartphone über Nacht aus! Laden Sie es nicht auf dem Nachttisch. Legen Sie es nachts in einen anderen Raum – so widerstehen Sie der Versuchung, abends als Letztes und morgens als Erstes auf das Display zu starren.

Tagesdecke

Darum geht's: Eine einfache Möglichkeit, mehr Ruhe und Klarheit ins Schlafzimmer zu bringen, ist eine in Farbe und Stil passende Tagesdecke. Wählen Sie keine aufgeregten Muster oder knalligen Farben. Sanfte Töne wirken harmonischer.

Extra-Tipp: Ziehen Sie die Tagesdecke morgens nicht gleich nach dem Aufstehen über das Bett. Schütteln Sie zunächst Bettdecke und Kopfkissen auf und lassen Sie dann frische Luft an die Matratze. So entziehen Sie den Hausstaubmilben ihr geliebtes warm-feuchtes Klima. Nach dem Frühstück legen Sie Kopfkissen und Bettdecke auf die Matratze und breiten anschließend die Tagesdecke darüber.

APRIL BIS OKTOBER?

ZWEI WANDERUNGEN PRO JAHR muten viele Menschen ihren Kleidern zu. Erst aus dem Schrank heraus – und später wieder hinein.

Als Ort zum Auslagern bietet sich meist der **KELLER** an. Das verbietet sich von selbst, wenn es im Keller feucht ist und muffig riecht.

KARAWANE DER KLAMOTTEN: Gehören Sie auch zu den Sommer-Winter-Räumern – motten jeden Herbst mit großem Aufwand sämtliche Sommerkleider ein und holen die Wintersachen heraus? Im folgenden Frühling verläuft der rituelle Kleider-Treck in die andere Richtung. Der Grund für die Räumerei: Die Menge der Kleider sprengt die Dimensionen Ihres Schrankes. Sie sind deshalb gezwungen, Ihren Besitz an Textilien aufzuteilen. Was aber, wenn es noch spät im Mai kalte Tage gibt oder im Oktober plötzlich der Sommer zurückkommt?

JANUAR BIS DEZEMBER!

SCHAFFEN SIE PLATZ IM SCHRANK und schenken Sie sich künftig das Auslagern in Keller oder Kammer!

Wer genügend Platz schafft, kann Sommer- und Wintersachen **GLEICHZEITIG** im Kleiderschrank verstauen und spart sich so das Umräumen.

EXTRA-TIPP:
Waschen Sie Sachen, die Sie länger nicht anziehen – das schützt vor Mottenbefall!

BEREIT FÜR JEDES WETTER: Sie haben mehrere Möglichkeiten, das jährliche Räumen zu vermeiden: Sie stellen einen zusätzlichen Kleiderschrank auf. Oder aber, wenn Sie keinen Platz für eine solche Expansion haben, reduzieren Sie Ihre Kleidung soweit, dass sämtliche Stücke in den bestehenden Schränken Platz finden. Durch verschiedene Aufbewahrungsboxen behält alles seine Ordnung. Wenn Sie sich von allem trennen, was Ihnen nicht mehr passt oder gefällt, verschaffen Sie sich auf diese Weise ganz nebenbei einen schönen Überblick.

BAUCH REIN?

ZU ENG GEWORDENE KLAMOTTEN rauben Platz und belasten die Seele.

Kaufen Sie Kleidung nie zu eng in der Absicht, demnächst ganz bestimmt **ABZUNEHMEN**. In der weit überwiegenden Mehrzahl der Fälle bleibt es beim Wunsch – und die Sachen hängen ungetragen im Schrank.

BESSER NICHT!

Vermeiden Sie es, wahllos Klamotten anzuhäufen. Schätzungen zufolge tragen die meisten Menschen nur rund 20 Prozent davon.

HABEN AUCH SIE KLEIDUNG in Ihrem Schrank, die Ihnen längst nicht mehr passt? Die Jeans, deren Reißverschluss sich nicht mehr schließen lässt, das Sommerkleid, das am Rücken spannt, die Jacke, die unter den Armen kneift? Alles Kleidungsstücke, die Sie jeden Tag ermahnen: Nimm endlich ab! Die Ihnen vor Augen führen, dass Sie nicht mehr in Größe 36 passen wie vor zehn oder 20 Jahren. Lassen Sie sich von Ihrer Kleidung nicht die Laune verderben, ein Modediktat aufzwingen oder ein schlechtes Gewissen einreden. Sie sind schön, so wie Sie sind!

HOSE RAUS!

IHRE KLEIDER SOLLEN Ihnen passen, nicht Sie zu Ihren Kleidern!

Sortieren Sie aus, was Ihnen nicht passt. Motto: **SCHRANKDIÄT** statt Zwangsdiät! Spenden und Verschenken Sie gut erhaltene Kleidung, statt sie wegzuwerfen.

EXTRA-TIPP:

Kleidung, die Sie über ein Jahr lang nicht getragen haben, ziehen Sie höchstwahrscheinlich nie wieder an.

BEFREIEN SIE SICH VON DER täglichen Selbstkasteiung! Weg mit allem, was zu eng geworden ist: Verschenken, spenden oder verkaufen Sie es. Sie behalten nur besondere Erinnerungsstücke wie Hochzeitskleid oder -anzug. Schnell werden Sie feststellen, wie schön es ist, den Schrank zu öffnen und nur noch Kleidung zu finden, die Ihnen passt und gefällt! Für den Fall, dass Sie es schaffen abzunehmen: Trauern Sie nicht Dingen hinterher, die Sie weggegeben haben, sondern belohnen Sie sich mit ein paar ausgesuchten neuen Kleidungsstücken.

Spielend verstauen
Was wohin gehört, können Sie auch Kindern schon behutsam beibringen.

DAS KINDERZIMMER

Spiel und kreativer Freiraum sind enorm wichtig für Kinder. Aufräumen und Ordnung sind zwar meist nicht ganz einfach einzuhalten, aber wenn Puppen, Teddy und Malsachen gut auffindbar sind, profitieren alle davon.

Altersgerecht: Ein Kinderzimmer ist über die Jahre einem ständigen Wandel unterworfen. Deshalb sollte es regelmäßig ausgemistet und altersgerecht umgestaltet werden.

Mitbestimmung: Bevor Sie passende Regale, Schränke und Boxen kaufen, sortieren Sie gründlich aus – je nach Alter des Kindes auch zusammen mit ihm. **Werfen Sie unvollständige Gesellschaftsspiele und Puzzles sowie defekte Spielsachen, die sich nicht mehr reparieren lassen, weg.** Dasselbe gilt für Plastik-Kleinkram und Spielzeug, mit dem Ihre Kinder nicht mehr spielen.

Kleidung: Ob Sie zu klein gewordene Kinderkleidung aussortieren können, hängt davon ab, ob Sie diese für ein jüngeres Geschwisterkind aufheben wollen oder noch ein weiteres Kind planen. Wenn ja, lagern Sie Kleidung und Schuhe nach Größen sortiert am besten in durchsichtigen, gut verschließbaren und mit der Kleidergröße beschrifteten Kunststoffboxen im Keller, auf dem Dachboden oder in den oberen Fächern des Kinderkleiderschranks.

Möbel: Um eine sinnvolle Ordnung zu schaffen, brauchen Sie kindgerechte, am besten mitwachsende Aufbewahrungsmöglichkeiten (siehe S. 140/141) und ausreichend Stauraum. Auch Möbel können mitwachsen. So gibt es Kinderbetten, die sich vom Kleinkind- bis zum Grundschulalter an die Körpergröße des Kindes anpassen lassen. Dasselbe gilt für den Schreibtisch: Wer bei der Einschulung auf ein höhenverstellbares Modell mit Schubladen setzt, muss über längere Zeit keinen größeren Tisch kaufen.

Jugendzimmer: Zimmer von Teenagern sind oft „vermintes Gebiet". Viele Konflikte zwischen Eltern und Heranwachsenden entzünden sich am Thema Ordnung. Machen Sie nicht den Fehler, Jugendlichen alles hinterherzuräumen. **Vereinbaren Sie wenige, klare Regeln und setzen Sie diese konsequent durch.** Hier ein paar Beispiele:

— Essen und Geschirr wird täglich aus dem Zimmer geräumt – von dessen Bewohner(in).
— Schmutzige Wäsche wird wöchentlich selbst gewaschen und aufgeräumt.
— Das Zimmer wird regelmäßig selbst staubgesaugt und geputzt.

SPIELHÖLLE?

UNBÄNDIGE NATURGEWALTEN stürzen viele Kinderzimmer ins heillose Chaos.

Die Order „Räum dein Zimmer auf" bringt bei kleineren Kindern wenig. Besser sind klare **ANSAGEN** wie: „Bitte lass alle deine Ritter jetzt in die große Kiste reiten."

EINFACH ZU VIEL ZEUG. Ursache für das mächtige Durcheinander im Kinderzimmer sind oft nicht nur die Kinder, sondern auch Eltern, Verwandte oder Freunde. Sie überhäufen die Kleinen mit Spielsachen. Kinder verlieren häufig die Lust an Spielzeug, wenn es zu viel davon gibt. Sie fühlen sich von der großen Auswahl überfordert. Jedes einzelne Stück verliert für sie an Wert, und das Zuviel hindert sie daran, sich auf eine Sache zu konzentrieren. Erinnern Sie sich und Verwandte daran, dass auch gemeinsame Zeit und Erlebnisse geschenkt werden können.

KINDERPARADIES!

VIELE JUNGEN UND MÄDCHEN lieben Ordnung – brauchen jedoch Unterstützung.

Spielzeug lässt sich gut in transparenten **BOXEN** verstauen, weil auch Kinder sie nutzen können. Deckel können Sie auch weglassen.

SPIELERISCH AUFRÄUMEN. Auch Kindern fällt Ordnung halten leichter, wenn sie ihre Schätze überblicken können. Sortieren Sie in bewährter Manier aus – also nach Kategorien: Malsachen, Bastelzubehör, Bausteine etc. Besorgen Sie für jede Kategorie eine stabile Box, die Sie ins Regal oder den Schrank stellen können. Beschriften Sie die Boxen oder versehen Sie sie mit Symbolen. Die Kinder sollten die Kisten gut erreichen können. Üben Sie schon möglichst früh gemeinsam das Zurückräumen der Spielsachen. Dann ist es mehr Spaß als Pflicht.

AUFRÄUMEN MIT KINDERN

Die Aufgabe, ihr Spielzeug oder gar ihr Zimmer aufzuräumen, ist vor allem für jüngere Kinder noch viel zu groß. Selbst Erwachsene scheitern oft genug an ihren Aufräumprojekten, weil sie das Gefühl haben, vor einer unlösbaren Aufgabe zu stehen.

Das bedeutet nicht, dass Sie vor dem Chaos im Kinderzimmer kapitulieren sollen. Geben Sie Ihrem Kind altersgerechte Aufräumaufgaben. Zeigen Sie ihm, wie es geht, unterstützen Sie es und planen Sie für all das genügend Zeit ein. Gestehen Sie Kindern zu, Aufgaben auch mal anders zu erledigen, als Sie sie es ihnen vorgeschlagen haben – auf ihre eigene Weise.

MIT 2 JAHREN: Früh übt sich

Mit einem Kind aufzuräumen heißt keineswegs, dass Sie die Arbeit machen und das Kind zuschaut. Es geht darum, dass Ihr Kind mit Ihnen gemeinsam aufräumt – in seinem Tempo und möglichst spielerisch. Nur so kann das Aufräumen im Lauf der Zeit zur Selbstverständlichkeit werden.

Mit dem Aufräum-Training beginnen können Sie bereits, wenn Ihr Kind etwa eineinhalb bis zwei Jahre alt ist. Machen Sie dabei klare Ansagen wie: „Räum bitte die Bauklötze in den Korb." oder „Leg die Stifte bitte zurück in die Schublade."

Lassen Sie Ihr Kind nicht allein. Ermutigen und loben Sie es. In diesem Alter geht es vor allem darum, dass Kinder lernen mitzuhelfen, ein perfektes Ergebnis ist zweitrangig. Am besten etablieren Sie feste Aufräumrituale und Zeiten. Eine Familienregel könnte lauten: 20 Minuten vor dem Abendessen kommen alle Bausteine in die Kiste.

MIT 3 JAHREN: Allein versuchen

Ab drei Jahren können die meisten Kinder schon recht selbstständig Spielsachen in Kisten sortieren und Bücher zurück ins Regal stellen. Mit etwas Hilfe können Sie Kleidung aufhängen, Unterwäsche in die richtige Schublade legen und Socken sortieren.

Räumen Sie in diesem Alter weiterhin gemeinsam mit Ihrem Kind auf und haben Sie Geduld. Hüten Sie sich davor, mit ihm zu schimpfen oder es ständig zu ermahnen. Machen Sie besser ein Spiel daraus – denn Aufräumen soll ja Spaß machen!

Kinder lernen schneller visuell als durch Erklärungen. Probieren Sie aus, ob Ihrem Kind ein Foto des eingeräumten Schrankes oder des geordneten Regals hilft, auf dem es sich die Ordnung abschauen kann.

Extra-Tipp: Gehen Sie mit gutem Beispiel voran! Zeigen Sie Ihren Kindern, wie Sie selbst etwas aufräumen und erklären Sie Ihnen, warum Ordnung sinnvoll ist.

MIT 6 JAHREN: Feste Aufräumzeiten

Ab etwa sechs Jahren können Sie mit Ihrem Kind feste Aufräumzeiten etablieren. Sie können zum Beispiel vereinbaren, dass es vor dem ins Bett gehen seine Kleidung in Schrank oder Kommode räumt und sich Sachen für den nächsten Tag zurechtlegt – oder dass es vor dem Wochenende den Boden freiräumt und einmal staubsaugt.

Kümmern Sie sich regelmäßig zusammen mit Ihrem Kind um die Schulsachen. Viele Kinder im Grundschulalter sind noch überfordert damit, Federmäppchen, Hefte und Bücher in Ordnung zu halten und ihren Papierkram zu erledigen.

Extra-Tipp: Haben Sie eine Zeit lang gemeinsam geübt, dann lassen Sie Ihr Kind immer öfter selbstständig seinen Schulranzen packen und den Schreibtisch aufräumen. Besprechen Sie anschließend, was schon gut geklappt hat – und was noch besser werden kann.

IN JEDEM ALTER: Ideen zulassen

Bedenken Sie bei all Ihrem Bemühen, die Unordnung zu bändigen: Im Kinderzimmer können nie dieselben Gesetze gelten wie im Bad, in der Küche oder im Wohnzimmer. Kinder brauchen ihre eigenen fantastischen Welten. Ihre Zimmer müssen Labore und Werkstätten ihrer Fantasie bleiben dürfen. Sie sollten Platz bieten für kuriose Sammlungen von Steinen, Stöckchen oder verschrumpelten Kastanien.

Was einem Erwachsenen wirr erscheinen mag, ergibt für Kinder oft einen Sinn. Sie funktionieren Spielsachen bewusst um, bringen sie durcheinander und schaffen eine kreative neue Ordnung der Dinge. Viele und teure Sachen benötigen Kinder dafür nicht. Häufig konzentrieren sie sich beim Spielen auf einige wenige Lieblingsgegenstände.

MÖGLICHST FRÜH: Weggeben lernen

Schon früh können Sie daher auch damit beginnen, mit Ihrem Kind das Aussortieren zu üben: Was brauchst du nicht mehr? Womit spielst du nicht mehr? Welche Kleider passen dir nicht mehr?

Auf diese Weise bringen Sie Ihrem Kind nach und nach bei, dass man sich von vertrauten Dingen auch lösen kann. Je früher Kinder das lernen, desto einfacher fällt es ihnen, wenn sie älter werden.

Vielleicht machen Sie ja die Erfahrung, dass es Ihren Kindern gar nicht schwer fällt, sich von Sachen zu trennen, über die sie hinausgewachsen sind. Sie können sie im Guten loslassen, mit schönen Erinnerungen, aber ohne Bedauern – und sind darin eventuell sogar manchem Erwachsenen ein Vorbild an weiser Gelassenheit.

Extra-Tipp: Überlegen Sie mit Ihrem Kind, welche Dinge Sie anderen Kindern schenken oder an wohltätige Organisationen spenden können. Erklären Sie ihm, was es mit Rotem Kreuz, Diakonie und Caritas auf sich hat und geben Sie Spielzeug- und Kleiderspenden gemeinsam ab. Auf diese Weise vorzugehen dauert zwar länger, hinterlässt jedoch bleibende Eindrücke.

Begeisterung fördern
Was die Großen freut, macht Kinder stolz: Wird kindliche Kreativität wertgeschätzt, kann sich ein gutes Selbstwertgefühl entwickeln.

STETS GEÖFFNET: GALERIE FÜR KINDERKUNST

Die ersten Kopfmännchen, die bunte Laterne, die originelle Papiermaske und die buckligen Tonfiguren – wohin nur mit all den tollen Zeichnungen und Bastelarbeiten der Kinder?

Etablieren Sie an einem schönen Platz in Ihrer Wohnung eine kleine Galerie für Kinderkunst. Das kann eine Wand für Gemaltes und ein Regal für Gebasteltes in der Küche oder im Esszimmer sein – oder eine Vitrine oder Kommode, auf der Sie temporäre „Ausstellungen" arrangieren. **So kann sich die ganze Familie an den Werken erfreuen, und Ihre Kinder fühlen sich in ihrer Kreativität gesehen und wertgeschätzt.**

Wichtig ist, dass in dieser Galerie Werke von allen Geschwistern Platz finden und niemand bevorzugt wird, sonst kann es Eifersüchteleien und Unmut geben. Hat ein Kind ein neues Bild gemalt oder etwas Schönes gebastelt oder kommt es vom Kindergarten oder der Schule mit einem neuen Kunstwerk nach Hause, geben Sie diesem entweder sofort einen Platz in der Galerie oder Sie sammeln es mit anderen Werke in einer Schublade oder einem Schrankfach. Nach einigen Wochen tauschen Sie dann alle Werke auf einmal aus. Für die schönsten Bilder besorgen Sie Wechselrahmen, die Sie immer wieder neu bestücken.

Vereinbaren Sie mit Ihren Kindern, dass Sie nach der „Ausstellungszeit" zwar nicht alles aufheben können, aber die schönsten Werke in Ihr „Kunst-Archiv" wandern. Dafür kaufen Sie für jedes Kind eine große Mappe für die Bilder und eine ausreichend große Box für die dreidimensionalen Werke. Haben Sie mehrere Kinder, können Sie verschiedenfarbige Mappen und in der jeweils gleichen Farbe passende Boxen besorgen oder die Mappen und Boxen mit den Namen der Kinder beschriften.

Vergessen Sie nicht, Namen und das Entstehungsdatum auf dem Kunstwerk zu vermerken. **Solange Ihre Kinder noch klein sind, entscheiden Sie, welche Werke Sie aufheben und welche nicht.** Entsorgen Sie aber Arbeiten niemals vor den Augen Ihrer Kinder. Je älter Ihr Kind jedoch wird, desto besser können Sie mit ihm gemeinsam entscheiden, was es loslassen kann und was aufgehoben wird.

Legen Sie Zeichnungen und Basteleien regelmäßig Briefen oder Päckchen an Oma und Opa, andere Familienmitglieder oder Freunde bei und verwenden Sie geeignete Bilder als originelle Verpackung für Geschenke.

Luftig und aufgeräumt
Ein Arbeitszimmer mit jeder Menge Platz: die Ablage macht's möglich. So starten Sie jedes Mal frisch – und trennen in der übrigen Zeit die Arbeit von Ihrer Wohnung als Wohlfühlort.

ARBEITSZIMMER UND -BEREICH

Nicht alle Menschen besitzen die Möglichkeit, ein separates Arbeitszimmer einzurichten. Grund ist nicht zwangsläufig eine zu kleine Wohnung. Ist etwa Nachwuchs in Sicht, wird aus dem Arbeitszimmer schnell das Kinderzimmer – und zum Arbeiten bleibt bestenfalls eine Ecke im Wohnzimmer. Damit Sie dort trotzdem noch entspannen können, helfen diese Tipps.

Räumliche Trennung: Eine Arbeitsecke in Wohn-, Ess- oder Schlafzimmer sollte, wenn irgend möglich, vom Rest des Raumes getrennt werden, damit Sie sich bei der Arbeit gut konzentrieren können. Im Schlafzimmer geht es auch darum, dass der Blick aus dem Bett nicht auf den Schreibtisch und dort vielleicht auf liegengebliebene Arbeit fällt.

Optische Trennung: Wer in sein Wohn- oder Schlafzimmer keine Zwischenwand oder Schiebetür einbauen kann, hat verschiedene Möglichkeiten, den Arbeitsbereich auf andere Weise abzutrennen. **Optimal geeignet sind Raumteiler. Je nachdem, wie stark der Arbeitsplatz optisch und akustisch abgetrennt werden soll, kommen unterschiedliche Modelle in Frage:** vom offenen Bücherregal oder halbhohen Sideboard bis zur Spanischen Wand beziehungsweise einem Paravent. Letzterer bietet – wie mobile Stellwände übrigens auch – den Vorteil, dass sich der Arbeitsbereich nach getaner Arbeit wieder zum übrigen Wohnraum öffnen lässt.

Einrichtung: Das A und O im räumlich begrenzten Home Office – neben einem möglichst platzsparenden und dezenten Schreibtisch oder Sekretär samt Stuhl – ist ausreichend Stauraum. Selbstverständlich sind in einer Arbeitsecke Abstriche nötig, wenn es um die Ausstattung mit Regalen, Aktenschränken und Hängeregistraturen geht. Schließlich soll im Wohnzimmer nicht eine klassisch-nüchterne Büroatmosphäre herrschen, sondern ein wohnliches Ambiente. Auch die übrigen Möbel sollten sich dezent einfügen und nicht zu stark herausstechen. Eventuell lässt sich ein Teil des Bücherregals oder des Wohnzimmerschranks für Büroutensilien freiräumen und der Drucker hinter einer Schranktür verstauen.

Regelmäßiges Aufräumen ist in einer Arbeitsecke Trumpf. Sie haben noch keine richtige Vorstellung, wie Sie Ihre Unterlagen am Arbeitsplatz verstauen sollen? Auf den folgenden Seiten erfahren Sie, wie's geht!

STEP BY STEP: RÄUMEN SIE IHR ARBEITSZIMMER AUF

Wenn Sie sich Ihrem Arbeitszimmer oder Ihrer Arbeitsecke beziehungsweise Ihrem Schreibtisch widmen, planen Sie ausreichend Zeit ein. Papierstapel, Ablagekörbe, Aktenordner und Mappen haben es erfahrungsgemäß in sich! Dafür stecken in ihnen aber meist keine Erinnerungen, die Sie beim Ordnen ablenken könnten. Wie immer gehen Sie mit System vor – hier die Schritte, damit am Ende Ihre Schönste Ordnung entsteht.

SCHRITT 1: Papiere einsammeln
Durchforsten Sie als Erstes Ihre gesamte Wohnung nach Papierkram: Ordner und Mappen mit Verträgen und Bescheiden, Gebrauchsanleitungen, Standmitteilungen von Versicherern, Steuerbescheide – aber auch lose herumliegende Belege, Behördenbriefe etc. Packen Sie alles in Umzugskartons und stellen Sie diese beiseite.

SCHRITT 2: Büromaterial ausmisten
Jetzt sichten Sie Ihr Büromaterial. Dazu gehören Klarsichthüllen, Notizzettel und Briefumschläge, aber auch Stifte, Scheren, Locher, Büroklammern etc. Reduzieren Sie es auf eine überschaubare Menge. Gut erhaltenes Büromaterial müssen Sie nicht wegwerfen, Sie können es auch spenden.

SCHRITT 3: Irrläufer verteilen
Sammeln Sie alles zusammen, was nicht ins Arbeitszimmer gehört – von Stofftieren und Werkzeug bis zu Kleidung und Spielsachen. Sortieren Sie Überflüssiges aus und bringen Sie das, was Sie behalten möchten, an seinen Platz in der Wohnung oder im Keller.

SCHRITT 4: Alte Lexika aussortieren
Die zwei Meter Brockhaus im Regal haben mal viel Geld gekostet? Aber wie oft haben Sie in letzter Zeit hineingeschaut! Geben Sie sich einen Ruck und werden Sie ungenutzte Wälzer und veraltete Fachliteratur los. Einen Großteil der Infos bekommen Sie kostenlos (oder gegen eine Spende) in Internet-Enzyklopädien.

Auch Fachliteratur veraltet mit der Zeit. Trennen Sie sich von Aufsätzen, Monografien und stapelweise Kopien, die Sie damals für Ihre Studienarbeit zusammengetragen haben.

SCHRITT 5: Flächen freiräumen

Räumen Sie jetzt Ihren Schreibtisch frei, sodass sich außer Ihrem Rechner möglichst nichts mehr darauf befindet. Wann haben Sie zuletzt eine derart freie Sicht gehabt? Auf dem Boden räumen Sie eine größere Fläche frei – Sie benötigen im nächsten Schritt viel Platz zum Sortieren.

SCHRITT 6: Dokumente durchsehen

Atmen Sie tief durch. Sie werden jetzt vermutlich ein gutes Durchhaltevermögen brauchen. Los geht's: Sichten Sie in einem ersten Durchgang die Ordner und Mappen aus den im ersten Schritt gefüllten Umzugskartons. Verteilen Sie lose Papiere auf dem Boden und sortieren Sie alles aus, was Sie nicht mehr brauchen oder aufheben müssen (siehe S. 154/155). Unterscheiden Sie aussortierte Papiere nach „Schreddern" (Schreiben mit persönlichen Angaben) und „Altpapier" (restliche Papiere).

SCHRITT 7: Themenweise stapeln

Gehen Sie die übrig gebliebenen Unterlagen nun ein zweites Mal durch. Bilden Sie Themenstapel zu Arbeit, Steuern, Versicherungen, Wohnung oder Haus, Gesundheit, Kindern, Auto etc.

Auch im zweiten Durchgang stoßen Sie garantiert noch auf Unterlagen, die Sie wegwerfen können. Ältere Dokumente, die Sie zwar nicht mehr brauchen, aber zum Beispiel für das Finanzamt noch aufheben müssen, können Sie bei Platzmangel auch auslagern, zum Beispiel in den Keller.

SCHRITT 8: Papiere ablegen

Legen Sie Ihre Papiere nach der Feinsortierung in möglichst übersichtlicher Weise ab – in Aktenordnern, Hänge- oder Stehmappen oder Stehsammlern (siehe auch „Ablage managen", S. 150/151).

SCHRITT 9: Posteingang

Kaufen Sie sich drei Ablagekörbe, die Sie „Posteingang", „Bearbeiten" und „Ablage" nennen – kennzeichnen Sie die Körbe entsprechend mit Aufklebe-Etiketten. Stellen Sie sie übereinander auf Ihren Schreibtisch oder nebeneinander in ein Regal in der Nähe Ihres Schreibtischs. Im Korb „Posteingang" landet ab sofort alles, was Sie aus dem Briefkasten holen und nicht sofort aussortieren – zum Beispiel nicht erwünschte Werbeprospekte.

Haben Sie die Post im Korb „Posteingang" geöffnet und gelesen, legen Sie sie entweder in den Korb „Bearbeiten" (z. B. unbezahlte Rechnungen) oder in den Korb „Ablage" (z. B. jährliche Versicherungsinfos). Haben Sie einen Rechnungsbetrag überwiesen, deponieren Sie anschließend die Rechnung – und falls vorhanden auch den Zahlungsnachweis – ebenfalls im Korb „Ablage". Den Inhalt dieses Ablagekorbes heften Sie etwa ein- bis zweimal im Monat in Ihre Ordner ab.

VON DER ABLAGE ZUM ARCHIV – SO GEHT'S

Bevor Sie beginnen, Ihren Papierkram zu systematisieren, verabschieden Sie sich zunächst von allen Provisorien! Machen Sie nicht den Fehler, ein neues System mit alten Gewohnheiten zu kombinieren, sondern planen Sie grundlegend neu. Ihr neues Ablagesystem sollte eindeutig, transparent und verständlich sein, damit auch Familienangehörige in Ihrer Abwesenheit Unterlagen finden können.

Grundlagen schaffen

Entscheiden Sie sich zunächst für eindeutige Begriffe in Ihrem Ablagesystem. Nennen Sie Ihre Korrespondenz nicht einmal „Schriftverkehr", ein andermal „Briefe" und dann wieder „Schriftwechsel". Schaffen Sie außerdem eindeutige Plätze für Ordner, Mappen und Stehsammler zu bestimmten Themen. Lassen Sie zusätzlichen Platz für den Fall, dass neue Bereiche dazukommen.

Dann folgt eine Bestandsaufnahme: Erstellen Sie zunächst eine Liste mit Ablagebegriffen. Schauen Sie sich dafür sämtliche Ordner, Mappen, Stehordner, Hängeregister sowie ungeordnete Papiere an und schreiben Sie alle Ablagebegriffe auf. Das können Schlagworte sein wie Finanzen, Ideen, Auto, Mitgliedschaften, neue und abgeschlossene Projekte, Rechnungen, Reisen, Steuern, Versicherungen, Verträge, Gesundheit etc.

Im nächsten Schritt legen Sie fest, auf welche Art Sie Ihre Unterlagen künftig ablegen wollen: gelocht und in Ordnern abgeheftet oder lose in Mappen oder Stehsammler einsortiert?

VARIANTE 1: Aktenordner

Ordner sind schwer, sperrig und recht zeitaufwendig im Handling. Sie eignen sich daher für Unterlagen, die Sie nicht oft benötigen. Vorteil: Sie ermöglichen eine dauerhafte und vollständig Ablage und sind gut für fortlaufende Sammlungen (z. B. „Steuer 2023", „Steuer 2024" etc.). Wichtig ist, dass Sie für jeden Ordner ein Inhaltsverzeichnis anlegen und dieses vorn einheften. Außerdem sollten Sie alle Ordner übersichtlich beschriften.

Extra-Tipp: Vermeiden Sie es, Ordner mit verschiedenen Stiften oder Farben zu kennzeichnen oder alte Beschriftungen durchzustreichen. Es lohnt sich, Rückenschilder einheitlich zu beschriften oder zu bedrucken.

VARIANTE 2: Hänge-/Stehmappen

Hänge- und Einstellmappen sind vorteilhaft, wenn Sie auf bestimmte Unterlagen oft und schnell zugreifen müssen, zum Beispiel auf Papiere zu einem aktuellen Rechtsstreit, einer gerade laufenden Haussanierung oder einer Abschlussarbeit.

Dank farbiger „Sichtreiter" lassen sich Mappen Projekten zuordnen, übersichtlich staffeln und fein strukturieren. Das Archivieren von Mappen geht zudem schnell: Hängemappen ordnen Sie in die Registratur ein, Einstellmappen legen Sie in Archivboxen und stellen diese ins Regal. Mappen nehmen wenig Platz weg und sind mobil einsetzbar, weil Sie Unterlagen problemlos heraus- und mitnehmen können.

Für dieses System brauchen Sie also: 1. Hänge- oder Einstellmappen, 2. Sichtreiter für alle Mappen, 3. einen Registraturschrank, in den Sie Mappen einhängen beziehungsweise Archivboxen, in die Sie Mappen einstellen können.

Die Boxen eigen sich vor allem für kleine Arbeitszimmer oder Arbeitsecken, in denen ein Schrank keinen Platz hat.

Extra-Tipp: Archivboxen passen hochkant in jedes Regal, in das auch Aktenordner passen. Der Platz in einer Box (32,5 x 22 x 10,5 cm) entspricht zwei bis drei Aktenordnern. Beschriften Sie die Boxen an der Front.

VARIANTE 3: Stehsammler

Offene Aufbewahrungshelfer aus Pappe oder Kunststoff sind bestens geeignet, um darin Prospekte, Kataloge, Zeitschriften und Ähnliches aufzubewahren – kurzum: alles, was sich nicht lochen lässt und für Hängeordner bzw. Einstellmappen zu schwer und zu umfangreich wäre.

Ordner mit Farben kennzeichnen

Haben Sie zu einem Thema mehrere Aktenordner, Archivboxen oder Stehsammler angelegt, kennzeichnen Sie diese am besten farblich. So kann zum Beispiel alles zum Thema Finanzen einen blauen Punkt erhalten, Unterlagen zum Thema Gesundheit einen grünen, zu Versicherungen einen gelben etc. Auf diese Weise finden Sie jeden Ordner schnell wieder und verhindern falsches Zurückstellen.

Alte Dokumente auslagern

Sie besitzen nur relativ wenig Stauraum für Ihr Archiv, weil Sie nur eine Arbeitsecke haben? Dann schaffen Sie regelmäßig Platz, indem Sie Unterlagen archivieren, die Sie aus rechtlichen Gründen aufheben müssen (siehe S. 154/155), etwa in einem trockenen Keller oder einem Schrankfach.

Praktisch ist es, die Unterlagen in den Ordnern bzw. Boxen zu lassen und dann nur vom Büroregal ins Archiv räumen. Vorher sollten Sie sie allerdings mit dem Datum kennzeichnen, an dem die jeweilige Aufhebefrist abläuft und Sie die Ordner entsorgen können. So schaffen Sie immer wieder Platz für nachfolgende Archivierungen.

ZETTELWIRTSCHAFT?

RISKANTE METHODE: Alles, was Sie nicht vergessen wollen, haben Sie fleißig notiert. Fragt sich nur, wo?

Für jeden Termin, jede Aufgabe und jede Telefonnummer eine separate **HAFTNOTIZ**? Kein Wunder, wenn wichtige Dinge leicht aus dem Fokus geraten.

EXTRA-TIPP:

Ist ein Zettel unvermeidlich, dann übertragen Sie den Inhalt schnellstmöglich in Ihre To-do-Liste oder Handy-App!

AUS DEN AUGEN, AUS DEM SINN: Ihre Notizen finden sich auf Papierbögen, verschiedensten Klebezetteln, alten Briefumschlägen und in Ihrem Kalender – unleserlich geschrieben und halb durchgestrichen? Sie haben einen Termin verschwitzt, weil Sie ihn zwar irgendwo notiert, aber damit aus Ihrem Gedächtnis gestrichen haben? All dies verursacht unnötigen Stress! Der Gedanke, sich Aufgaben zu notieren ist grundsätzlich gut – niemand kann alles im Kopf behalten. Alles, was Sie tun müssen, ist diesen richtigen Ansatz konsequent weiterzudenken.

PLANWIRTSCHAFT!

QUAL DER WAHL: Entscheiden Sie sich für ein Verfahren, Termine und Aufgaben zu notieren.

Sorgfältig geführte **TO-DO-LISTEN** (siehe S. 196/197) sowie Apps für Smartphone oder Tablet (siehe S. 206/207) können für Ihre persönliche Aufgabenplanung sehr hilfreich sein.

DEN ALLTAG MANAGEN: Schaffen Sie sich für alle Aufgaben ein Notiz-System an und führen Sie eine To-do-Liste. Das ist nicht kompliziert und vereinfacht das Leben. Verwenden Sie dazu ein Notizheft, einen Kalender, Ihr Smartphone oder auch ein simples DIN-A4-Blatt. Tragen Sie Ihr Notizsystem unterwegs immer bei sich. Sortieren Sie Ihre Aufgaben – etwa in Anrufe, Mails, Besorgungen etc. Wenn Sie etwas erledigt haben, haken Sie es ab. Sollte die Liste unübersichtlich werden, legen Sie eine neue an und übertragen die restlichen Aufgaben.

FRISTEN FÜR DOKUMENTE

Ob Handwerkerrechnung, Steuerbescheid oder Kaufbeleg – wer seine Unterlagen aussortiert, sollte wissen, welche Papiere er wie lange aufheben muss – oder in seinem eigenen Interesse aufheben sollte. Sich Ersatz für aus Versehen entsorgte wichtige Dokumente zu beschaffen, kostet unter Umständen viel Zeit, Mühe und Geld.

Aufpassen: Ist eine Verjährungsfrist zu beachten, beginnt diese stets mit dem Ende des Kalenderjahres, in dem ein Dokument erstellt worden ist. Wurde es aktualisiert, startet die Frist nach der letzten Änderung. Dagegen läuft eine Gewährleistungsfrist ab dem Kaufdatum.

Gehen Sie zu Jahresende oder -beginn Ihre Unterlagen durch. Sortieren Sie nur Papiere aus, von denen Sie wissen, dass Sie diese nicht mehr aufbewahren müssen.

Belege für die Steuererklärung

Auch wenn Sie Quittungen, Kaufbelege und Kontoauszüge für Ihre Steuererklärung nicht mehr automatisch einreichen müssen, sollten Sie diese mindestens so lange aufheben, bis Ihr Steuerbescheid rechtskräftig ist. Die Vereinigte Lohnsteuerhilfe empfiehlt sogar, die Festsetzungsfrist von vier Jahren abzuwarten, falls das Finanzamt den Bescheid noch einmal ändert, zum Beispiel wegen eines Rechenfehlers. Belege für Arbeiten rund um Haus oder Wohnung sollten Sie zwei Jahre lang aufbewahren.

Spendenbelege müssen Privatleute nach Zugang des Steuerbescheides ein Jahr lang aufheben. Belege über eine Vermietung dagegen zehn Jahre. Wer – abzüglich Werbungskosten – mehr als 500 000 Euro im Jahr einnimmt, muss alle Belege sechs Jahre lang aufbewahren.

Steuerbescheide sollten Sie wegen der zehnjährigen Frist bei Steuerhinterziehung elf Jahre aufheben. Sie brauchen diese zum Beispiel, um Einspruch einlegen zu können, aber auch bei Unterhaltsansprüchen nach einer Scheidung, für Kreditanträge, für die Berechnung von Kita-Gebühren sowie für die Höhe des Bafög für studierende Kinder.

Kaufbelege und Garantie

Es ist ratsam, Quittungen und Kontoauszüge bis drei Jahre nach dem Jahr des Kaufes aufzuheben, denn so lange läuft die Verjährungsfrist für die meisten Alltagsgeschäfte. Die meisten privat gekauften Sachen haben eine Gewährleistungsfrist von zwei Jahren. Um Mängel reklamieren zu können, heben Sie die Belege mindestens so lange auf. Garantiescheine werfen Sie nach Ablauf der Garantie weg. Für die Hausrat-

WAS SOLLTEN SIE WIE LANGE AUFHEBEN?

ZEITLICH UNBEGRENZT: Geburtsurkunde, Taufschein, Heiratsurkunde, Sterbeurkunden von Angehörigen, Unterlagen über Erbschaften und Schenkungen, Scheidungsunterlagen, Patientenverfügung, Vorsorgevollmacht, Testament, Sozialversicherungsausweis, Kaufverträge von Immobilien, aktueller Mietvertrag und Übergabeprotokoll, Rechnungen für größere Anschaffungen (Hausratversicherung), Korrespondenz mit dem Vermieter (bis zum Auszug), laufende Versicherungspolicen

BIS ZUR RENTE: Arbeitsverträge, Jahresgehaltsabrechnungen, Schul-, Hochschul- und Ausbildungszeugnisse, Bescheide über Lohnersatzleistungen (z. B. Krankengeld)

30 JAHRE: Mahnbescheide, Prozessakten

11 JAHRE: Steuerbescheide

10 JAHRE: Steuerlich relevante Unterlagen bei Selbstständigkeit oder Freiberuflichkeit, Belege über eine Vermietung

5 JAHRE: Unterlagen zur Reklamation nach dem Bau einer Immobilie (z. B. Rechnungen, Kontoauszüge)

4 JAHRE: Belege zur Einkommensteuer

3 JAHRE: gekündigte Versicherungspolicen und Vertragsanpassungen

2 JAHRE: Kaufbelege, Rechnungen von Handwerkern, Ärzten und Notaren sowie entsprechende Zahlungsnachweise

1 JAHR: Gehaltsabrechnungen für das laufende Jahr (bis zur jährlichen Abrechnung des Arbeitgebers), Nebenkostenabrechnung des Vermieters, Standmitteilungen für Kapitallebens- und private Rentenversicherungen, Renteninformationen (bis zur jeweils nächsten Information)

versicherung sind Belege teurer Anschaffungen dauerhaft aufzubewahren.

Haus und Wohnung

Um nachweisen zu können, dass nicht schwarz gearbeitet wurde, müssen Mieter und Eigentümer Handwerkerrechnungen zwei Jahre lang aufheben. Um nach einem Neubau, Umbau oder einer Reparatur keine Mängelansprüche zu verlieren, sollten Eigentümer Rechnungen jedoch fünf Jahre lang aufheben.

Beruf und Rente

Arbeitsverträge, Gehaltsabrechnungen und Sozialversicherungsnachweise sollten gesetzlich Rentenversicherte aufheben, bis ihr Rentenanspruch geklärt und bestätigt ist. Das gilt auch für Bescheinigungen über Kranken- und Arbeitslosengeld.

Passt, wackelt nicht ...
Kompakt, stapelbar und wenn möglich durchsichtig – Kisten und Boxen, die im Keller stehen, sollten vor allem praktisch sein.

KELLER UND DACHBODEN

„Das stellen wir erst einmal in den Keller" – dieser Satz sollte auf Ihrem Weg zur Schönsten Ordnung rapide an Bedeutung verlieren. Keller und Dachboden sind keine Zwischenlager! Dinge, die Sie dort deponieren wollen, werden Sie nie vermissen – was bedeutet, dass Sie sie eigentlich gar nicht brauchen. Verschenken und verkaufen Sie sie lieber. Alte Aktenordner, defekte Elektrogeräte, Tapeten- und Farbreste gehören auf den Wertstoffhof.

Stauraum: Ein aufgeräumter, klar strukturierter Keller ist eine gute Grundlage für Ihre gesamte Ordnung. **Hier können Dinge ihren Platz finden, die Sie selten brauchen und für die Sie in Ihrer Wohnung nicht genügend Stauraum haben** – seien es Rodelschlitten, Grill oder Fahrradträger fürs Auto. Das heißt: Lagern Sie im Keller nur noch Dinge, die Sie tatsächlich noch benutzen.

Motivationshilfen: Ist Ihr Keller kalt, räumen Sie ihn an einem warmen Tag aus. Ist er nicht hell genug, besorgen Sie sich zusätzliches Licht, zum Beispiel einen Bauscheinwerfer.

Ausräumen: Unterschätzen Sie nicht die Zeit, die Sie zum Ausräumen und Neustrukturieren brauchen. Gerade von Dingen, die Sie jahrelang aufbewahrt haben, trennen Sie sich vermutlich nicht einfach so. Nehmen Sie sich ein Wochenende Zeit und erkundigen Sie sich vorher, wann Sie das Aussortierte zur Spendenannahme und zum Wertstoffhof bringen oder als Sperrmüll abholen lassen können.

Lagerregal: Haben Sie keine stabilen Regale im Keller, kaufen Sie sich welche – nach dem Aussortieren! Dann wissen Sie, was Sie verstauen wollen. **Durchsichtige, gut verschließbare Plastikkisten sind in Keller und Garage sehr praktisch.**

Kellerklima: In einem muffigen, feuchten Keller sollten Sie nur Dinge unterbringen, denen schlechter Geruch nichts anhaben kann. Ist er trocken und sauber, können Sie in ihm Koffer, Weihnachts- und Osterdeko sowie Akten und Unterlagen aufbewahren, die Sie archivieren müssen.

Kartons: Originalverpackungen heben Sie nur so lange auf, wie Sie den Artikel umtauschen oder zurückgeben können. Im Gewährleistungsfall können Sie das Gerät in einem normalen Paket verschicken.

Unterstützung: Der Keller ist meist ein Großprojekt. Bitten Sie deshalb Familienmitglieder oder Freunde, Ihnen beim Tragen zu helfen.

Viel Platz fürs Auto
Es muss nicht immer ein Regal sein – auch Wände und Decke einer Garage lassen sich zum Verstauen nutzen, zum Beispiel für Ski, Walking-Stöcke sowie Surf- und Snowboard.

DIE GARAGE

In vielen Haushalten ist die Garage eine bunte Mischung aus Abstellraum, Keller, Werkstatt und Müllplatz. Viel zu viele Sachen stehen, liegen und hängen hier – ausgelagert, um nicht mehr im Blickfeld zu sein. Doch soll Ihre Garage eine Sammelstelle für aufgeschobene Entscheidungen sein – oder doch besser ein Platz für Ihr Auto plus Zubehör?

Motivation: Starten Sie Ihr Garagenprojekt an einem schönen, sonnigen Tag im Frühjahr oder Sommer. Räumen Sie alles aus der Garage heraus und sortieren Sie die Dinge nach den fünf Aufräumfragen und dem Sechs-Kisten-Prinzip (siehe S. 38–41). Was defekt ist und sich nicht mehr weitergeben lässt, fahren Sie so bald wie möglich zum Wertstoffhof – am besten noch am selben Tag!

Planung: Was soll Ihre Garage in Zukunft neben Ihrem Auto beherbergen: eine Werkbank, die Skiausrüstung, die Gartenmöbel samt Sitzauflagen, den Schlitten oder die Fahrräder? Denken Sie daran, dass Gegenstände aus Stoff oder Papier sich wegen eventuell auftretender Feuchtigkeit nicht fürs Lagern in der Garage eignen.

Aufbewahrung: Kaufen Sie ein stabiles und möglichst tiefes Kellerregal, das so hoch ist wie Ihre Garage. Je nach Länge und Breite der Garage stellen Sie es an die Stirnseite oder neben Ihr Auto, sodass noch genug Platz zum Ein- und Aussteigen bleibt. Außerdem brauchen Sie für kleinteilige Dinge wie Fahrrad-Equipment, Werkzeug, Autoteile, Blumentöpfe, Camping-Sachen und Grillzubehör durchsichtige Plastikboxen mit Deckel, die sich gut verschließen lassen und so den Inhalt vor Staub und Nässe schützen. Kaufen Sie unterschiedliche Größen – je nachdem, was Sie verstauen wollen.

Sperrgut: Größere Gegenstände wie Schlitten, Skischuhe, Helme, Inline Skates etc. lagern Sie im Regal, damit nicht zu viele Sachen auf dem Garagenboden stehen. Für Rasenmäher, Schubkarre oder Spielzeugtraktor können Sie das untere Regalbrett demontieren beziehungsweise beim Aufbau weglassen und die Geräte platzsparend hineinschieben.

Gartengeräte: Rechen, Spaten, Schippen & Co. befestigen Sie an Haken oder Leisten an der Wand.

Freizeitgeräte: Für Fahrräder besorgen Sie einen Ständer. Ski, Walking-Stöcke, Surfbretter und Snowboard befestigen Sie mit passenden Halterungen an der Garagendecke oder an einer Garagenwand.

Hingelegt und liegengelassen
Auch fürs Auto gilt: Befreien Sie es regelmäßig von Dingen, die dort nicht hingehören. Das gilt für Flaschen und Becher ebenso wie für Kinderspielzeug.

DAS AUTO

Für viele startet und endet jeder Arbeitstag im Auto. Deshalb sollten Sie sich darin wohlfühlen. Dank der folgenden Tipps steigen Sie wieder gern ein.

1 **Entsorgen:** Räumen Sie Ihr Auto leer. Entsorgen Sie Müll und leere Getränkeflaschen und räumen Sie Dinge, die nicht ins Auto gehören, zurück in Ihre Wohnung oder Garage.

2 **Säubern:** Reinigen Sie Innen- und Kofferraum Ihres Wagens mit einem Staubsauger samt passendem Aufsatz für die Ritzen und einem fusselfreien Mikrofasertuch für die Armaturen. Waschen Sie dieses immer wieder in warmem Wasser aus und wringen Sie es gut aus. **Tupfen Sie den Kofferraum mit Klebeband aus: Tierhaare und Holzspäne bleiben am Band kleben.**

3 **Kofferraum:** In den Kofferraum gehören: Verbandskasten mit Rettungsdecke, Warndreieck, Reserverad, Notwerkzeug, Warnwesten (je nach Anzahl der Plätze im Auto) und gegebenenfalls Starthilfekabel, Abschleppseil, Wagenheber, Arbeitshandschuhe, Regenschirm, Klappboxen für Einkäufe sowie im Winter Schneeketten und Frostschutzmittel. **Damit beim Bremsen nichts im Kofferraum herumrutscht, packen Sie alles in eine Box, eine Tasche oder einen Korb.**

4 **Handschuhfach:** Organisieren Sie bei dieser Gelegenheit auch Ihr Handschuhfach neu. Hinter die Klappe gehören: Bedienungsanleitung, Fahrzeugschein, Notfallnummer Ihrer Versicherung, Servicenummer Ihres Autoherstellers, Parkscheibe, Taschenlampe, Papiertaschentücher und eventuell ein Ladekabel für Ihr Smartphone sowie kleine Müllbeutel.

5 **CDs:** Sortieren Sie beschädigte CDs aus. Räumen Sie anschließend die Musik und die Hörbücher, die Sie im Auto hören wollen, in eine CD-Tasche, die Sie zum Beispiel im Türseitenfach verstauen.

6 **Wohlgeruch:** Um schlechte Gerüche zu neutralisieren, stellen Sie über Nacht eine Schale mit Essig, gemahlenem Kaffee oder geschnittenen Äpfeln ins Auto.

7 **Waschen:** Gönnen Sie Ihrem Wagen zum krönenden Abschluss eine Autowäsche in der Waschanlage – inklusive Unterboden und Heißwachs.

8 **Routine:** Gewöhnen Sie sich an, Ihr Auto regelmäßig von leeren Flaschen und Müll zu befreien und Gegenstände, die ihren Weg in den Wagen gefunden haben, dort aber nicht hingehören, so bald wie möglich wegzuräumen.

Platz schaffen ist das eine, sein Zuhause einladend und schön gestalten das andere. Beides gehört zusammen, wenn Sie sich in Ihren vier Wänden wohlfühlen wollen. Nutzen Sie den Schwung der neuen Leichtigkeit, atmen Sie auf und entfalten Sie Ihren Sinn für Ästhetik.

IHR WEG ZUR SCHÖNSTEN ORDNUNG

ERLEBNISSE MACHEN UNS GLÜCKLICHER ALS DINGE

Viele Menschen erleben Besitzstreben als etwas Belastendes. Sie merken, dass Sie das Immer-mehr nicht glücklicher, sondern unglücklicher macht. Andere fühlen sich erdrückt und verunsichert vom riesigen Warenangebot und der Vielzahl an Lebensentwürfen und Möglichkeiten.

Das englische Kunstwort „Stuffocation" beschreibt dieses Gefühl sehr treffend. Es ist zusammengesetzt aus den Wörtern „stuff" (engl. für „Zeug, Krempel") und „suffocation" („Ersticken"). Der britische Autor James Wallman machte es zum Titel eines Bestsellers mit dem Untertitel „Living More With Less" („Mehr Leben, weniger Besitz"). Darin klingt eine Konsumkritik an, wie sie schon 1976 der amerikanische Sozialpsychologe Erich Fromm in seinem Buch „Haben oder Sein" formuliert hat. Die gute Nachricht: Wir sind der Überflutung mit Konsumreizen nicht hilflos ausgeliefert, sondern können selbst entscheiden.

Natürlich können uns auch materielle Dinge beglücken. Die meisten Menschen kennen das Gefühl, einen Gegenstand in den Händen zu halten, auf den sie sich lange gefreut haben. Doch die Euphorie, die das neue Auto, das Smartphone oder die teuren Schuhe beim Kauf auslösen, verfliegt meist sehr rasch. Schon nach ein paar Tagen oder Wochen gehören sie zum Alltag und wecken keinerlei Glücksgefühle mehr. Neurowissenschaftler bezeichnen diesen Effekt als hedonistische Adaption. Das Erstaunliche: Bei Dingen, die wir nicht kaufen, sondern erleben, tritt dieser Gewöhnungsprozess weit weniger stark ein.

VARIANTE 1: Minimalismus

Ein Weg, der „Stuffocation" zu entkommen, ist der Minimalismus. Das Konzept besteht darin, sich soweit wie möglich auf das Wesentliche zu beschränken. Ahnherr aller Minimalisten ist der antike griechische Philosoph Diogenes von Sinope, der sich für ein Leben in einer Tonne entschied. Heute folgen manche Menschen einem Experiment, das der amerikanische Blogger David Michael Bruno propagiert: seinen Besitz auf ganze 100 Gegenstände zu beschränken.

VARIANTE 2: Zurück in die Natur

In den USA zelebrierte 1845 der Philosoph und Autor Henry David Thoreau das „einfache Leben". Er zog in eine selbst gebaute Blockhütte am Rande eines Sees im Bundesstaat Massachusetts und schrieb darüber in seinem Werk „Walden oder Leben in den Wäldern".

Für die meisten von uns dürfte eine radikale Askese jedoch nicht das Passende und ein Leben als Selbstversorger mit kleinem Garten weder erstrebenswert noch möglich sein. Übrigens: Auch Thoreau hatte bald genug von den Wäldern. Nach zwei Jahren zog er zurück in die Zivilisation.

VARIANTE 3: Erfahrungen machen

Stuffocation-Kritiker Wallman wirbt für ein Konzept, das er „Experientialism" nennt – zu deutsch „Erlebnisorientierung". Er rät dazu, Erlebnisse und Erfahrungen wichtiger zu nehmen als materiellen Reichtum. Erlebnisse machen glücklicher als Dinge – das muss kein teurer Trip zum Helikopter-Skiing nach Kanada und auch keine riskante Wildwasserpartie sein.

Ein intensives Erlebnis kann zum Beispiel ein liebevoll gestaltetes Abendessen mit Freunden, ein Lagerfeuer am Fluss mit den Kindern, das gemeinsame Singen in einem Chor oder das Schwimmen in einem stillen See sein.

Eher als Dinge begreifen wir Erlebnisse als Teil unserer eigenen Identität. Und eher als Dinge bringen uns Erlebnisse mit anderen Menschen zusammen. Das Entscheidende ist, aktiv zu sein. Diese Aktivität ermöglicht uns die Erfahrung des Flow – also das erhebende Gefühl, ganz in einer Tätigkeit aufzugehen und dabei ein tiefes Glücksgefühl zu empfinden.

VARIANTE 4: Die Mischung macht's

Es liegt wohl in der Natur der Menschen, sich mit anderen zu vergleichen. Unseren Besitz können wir einfach in Relation stellen – ganz nach dem Prinzip: „Mein Haus, mein Auto, mein Boot." Doch selten macht uns dieser Vergleich von Besitz glücklich: Irgendjemand hat immer das schönere Haus oder das größere Auto.

Anders sieht es bei Erlebnissen aus. Sie lassen sich viel schwerer vergleichen, messen und bewerten. Erlebnisse sind einzigartig.

Entspannt sind oft Menschen, die materielle Werte nicht grundsätzlich ablehnen, ihnen aber auch nicht hinterherlaufen. Sie verzichten freiwillig auf das noch größere Haus, das noch dickere Auto und lehnen auch mal eine Beförderung ab, weil sie nicht 60 Stunden in der Woche ackern wollen. Der wahre Wohlstand misst sich für sie nicht an Besitz, sondern an Zeit.

Wenn Sie also das nächste Mal Geld ausgeben wollen, stellen Sie sich die Frage, ob es nicht sinnvoller wäre, in derselben Zeit mit anderen Menschen etwas zu unternehmen – und damit in ein unvergessliches, vor allem jedoch ein unvergleichliches Erlebnis zu investieren.

Farbiger Blickfang
Ein bunter Blumenstrauß bringt Frische und Leben in die Wohnung.

ACHT TIPPS FÜR EIN HARMONISCHES ZUHAUSE

1 Licht: Lassen Sie so viel Licht wie möglich in Ihre Wohnung oder Ihr Haus, denn helle Räume wirken freundlich und frisch. Wählen Sie lichtdurchlässige Vorhänge und Jalousien und versuchen Sie, Tageslicht über Spiegel in dunkle Ecken zu lenken. Wo Tageslicht fehlt, ersetzen Sie es durch künstliche Lichtquellen: helles Licht in Küche und Arbeitszimmer, sanftes Licht in Wohn- und Schlafzimmer. Achten Sie auf verschiedene Lichtquellen (siehe S. 179).

2 Türen und Durchgänge: Öffnen Sie Türen und weiten Sie Durchgänge, indem Sie Möbel und andere Hindernisse beiseiterücken. Stehen Zimmertüren offen – mit Ausnahme der Badtür – wirkt Ihre Wohnung sofort viel großzügiger.

3 Keine toten Dinge: Ein vertrockneter Blumenstrauß, ein verstaubtes Trockenblumengesteck, vergilbte Kunstblumen – das alles sieht nicht nur unschön aus, es staubt und rieselt auch auf die Tischplatte. Feng-Shui-Experten raten auch von ausgestopften Tieren sowie gerahmten Schmetterlingssammlungen ab.

4 Grünpflanzen: Schöne, gesunde Pflanzen frischen Räume optisch auf und binden Schadstoffe. Wichtig ist, dass sie regelmäßig gepflegt und gegossen werden und ausreichend Licht bekommen.

5 Lebensbereiche: Soweit möglich, sollten Sie Arbeit und Privates trennen: Der Schreibtisch neben dem Bett kann Ihren Schlaf stören. Richten Sie besser eine Arbeitsecke im Wohnzimmer ein und nutzen Sie Raumteiler, etwa freistehende Regale.

6 Möbelposition: Wichtig ist die Ausrichtung von Sitzmöbeln im Raum: Am behaglichsten fühlt es sich an, wenn Sie eine Wand im Rücken haben und Ihr Blick zur Tür geht. Das gibt ein Gefühl von Sicherheit und Geborgenheit.

7 Formen: Besser als kantige und eckige sind organische und geschwungene Formen. An ihnen fließt die Lebensenergie harmonisch entlang. So wirkt ein ovaler Couchtisch oft harmonischer als ein rechteckiger.

8 Farben: Wer sich auf wenige Farbtöne beschränkt, wird mit Räumen belohnt, die selbst dann ordentlich wirken, wenn Sachen herumliegen. So können Sie sich am Schema Naturtöne (Weiß, Grau plus Holz) orientieren und auf knallige Farben verzichten. Das sieht im Wohnalltag angenehm ruhig, natürlich und gar nicht nüchtern aus.

SCHONZEIT?

WER SCHÖNES NUR HORTET, versagt sich die Freude daran.

Zu denken, etwas sei **ZU GUT**, um regelmäßig benutzt zu werden, führt oft dazu, dass es im Schrank verstaubt.

Unsere Großeltern schonten ihre Schätze für **BESONDERE MOMENTE**, etwa, um Besuchern ihre Gastfreundschaft zu erweisen. Diese Form der Wertschätzung gilt heute als veraltet.

DAS GUTE GESCHIRR, die Gläser aus Kristall, das schöne Kleid – alles nur für besondere Anlässe? Dinge zu schonen mag für die Generation unserer Großeltern gut und richtig gewesen sein. Damals konnten sich viele nur wenige teure Sachen leisten. Die Zeiten haben sich geändert – doch Dinge zu schonen liegt vielen noch im Blut. Da steht das wunderbare Kaffeeservice unbenutzt in der Vitrine und getrunken wird aus angeschlagenen Tassen. Ist endlich würdiger Besuch da, ist Omas Silberbesteck nicht geputzt – und bleibt wieder im Schrank.

SCHÖNE ZEIT!

ERFREUEN SIE SICH an Ihren Schätzen, so oft Sie können.

Geht doch mal ein **ERBSTÜCK** zu Bruch, dann denken Sie daran, wie viel Freude Sie damit hatten.

Benutzen Sie grundsätzlich nur noch Dinge, die Ihr **HERZ ERFREUEN** und die Ihnen den Tag verschönern.

SEIEN SIE ES SICH WERT: Sie haben mit den Erbstücken nicht die Vorschriften für deren Gebrauch übernommen. Im Gegenteil: Die damit verbundene Erinnerung lebt nur, wenn Sie es auch nutzen. Geben Sie sich einen Ruck: Was Sie schön finden, wird ab sofort benutzt. Damit erweisen Sie sich selbst die gebührende Wertschätzung – und haben einen Grund mehr, sich von Altem zu trennen. Ein mit prächtigem Porzellan gedeckter Tisch, die Vase der Großmutter, das mondäne Abendkleid – aktivieren Sie Ihre Schätze und bereichern Sie Ihren Alltag!

DAMIT IHRE SCHÄTZE NICHT VERSTAUBEN ...

Dinge zu schonen bedeutet etwas anderes, als sie achtsam zu behandeln. Schonen heißt, etwas abzudecken, Dinge in den Schrank zu räumen, nicht zu benutzen. Wir tun das, um schöne Dinge zu bewahren – und verhindern so, dass sie unser Leben bereichern.

Schonen kann auch bedeuten: Wir sind es uns nicht wert, uns mit schönen Dinge zu umgeben oder uns öfter schön anzuziehen.

Dinge achtsam zu behandeln setzt dagegen voraus, dass wir sie benutzen. Nur so können sie unser Leben bereichern.

Worauf warten Sie? Seien Sie es sich wert und leben Sie mit Ihren Schätzen!

Polstermöbel

So sieht's aus: Ein teures Sofa, ein wertvoller alter Sessel – fast unsichtbar unter einer gemusterten Acryldecke oder einem farbigen Bettlaken, damit keine Abnutzungsspuren oder Flecken entstehen. Im Klartext: Aus Sorge, dass ein wunderschönes Möbelstück leiden könnte, leiden wir im Zweifel lieber selbst.

So ist es schöner: Weg mit dem Überzug! Sie leben (vermutlich) nur einmal. Also: Genießen Sie das Sofa mit dem tollen Bezug! Freuen Sie sich am schönen Polster des antiken Sessels!

Extra-Tipp: Für den Ernstfall gibt es gute Polsterreiniger und versierte Fachbetriebe.

Kleidung

So sieht's aus: Viele Menschen haben jede Menge außergewöhnliche, festliche oder einfach nur schöne Kleidung im Schrank, ziehen aber immer das Gleiche an und schonen ihre guten Stücke. „Das ist für zu Hause okay", sagt so mancher und läuft in Jogginghose und T-Shirt herum.

So ist es schöner: Unterschätzen Sie nicht, was schöne Kleidung mit Ihnen macht – es muss ja nicht gleich das Opern-Outfit sein. Sie werden sehen: Es fühlt sich gut an, auch im Alltag Schönes zu tragen.

Extra-Tipp: Durch Studien erwiesen ist, dass Menschen, die sich im Home Office gut kleiden, ihre Aufgaben besser erledigen.

Schmuck

So sieht's aus: Besitzen Sie Schmuck, den Sie nie tragen, obwohl sie ihn mögen? Warum schonen Sie ihn? Haben Sie Sorge, den herrlichen Ring oder die wertvolle Kette zu verlieren? Oder glauben Sie, Schmuck könnte durch Benutzung kaputtgehen?

So ist es schöner: Behandeln Sie Ihren Schmuck achtsam. Kaufen Sie sich eine schöne Schatulle und lösen Sie das Sammelsurium aus ererbten und teils hässlichen Stücken auf. Lassen Sie angelaufene Ringe oder kaputte Kettenverschlüsse vom Juwelier instandsetzen.

Extra-Tipp: Schmuck, den Sie nicht mögen oder der stark beschädigt ist, verkaufen Sie als Edelmetall.

Tischoberflächen

So sieht's aus: Ein wunderbarer Biedermeier-Esstisch mit Intarsien, passend zur antiken Kommode, aber verdeckt von einem PVC-Wachstuch? Überlegen Sie, welch wunderbarer Anblick Ihnen Tag für Tag entgeht!

So ist es schöner: Würde nicht eine passende Glasplatte den Intarsien und der empfindlichen Holzoberfläche des Tisches den gleichen Dienst erweisen? Sie anfertigen zu lassen kostet zwar ein bisschen mehr. Dafür freuen Sie sich jeden Tag an Ihrem Tisch.

Extra-Tipp: Lassen Sie beschädigte Oberflächen vom Schreiner ausbessern. Kleine Kratzer beseitigen Sie mit Schleifpapier, Holzpaste und Retuschierstift.

Kunst

So sieht's aus: Liegen in Ihrem privaten Depot Bilder oder Skulpturen, die Sie eigentlich mögen? Glauben Sie, sie müssten diese Werke schonen, weil sie teuer waren und Schaden nehmen könnten?

So ist es schöner: Holen Sie Ihre Kunstschätze aus dem Dunkel ins Licht. Schmücken Sie Wände, Regale und Vitrinen damit. Dinge, die Sie nicht mögen – Stichwort röhrender Hirsch auf Lichtung – oder mit denen Sie schlechte Erinnnerungen verbinden, verkaufen oder verschenken Sie.

Extra-Tipp: Manchmal hilft schon ein neuer Rahmen oder Standort, um Kunstwerke in neuen Glanz erstrahlen zu lassen.

Bunte Vielfalt
So einzigartig wie Menschen und ihre Lebensentwürfe ist auch ihr Empfinden, was Ordnung bedeutet und welchen Stellenwert sie im Leben einnimmt.

IHRE ORDNUNG IST DIE BESTE DER WELT

Ordnung ist „in". Viele Menschen sehnen sich nach mehr Struktur und Klarheit in ihrem Leben und sind bereit, dafür Zeit und Geld zu investieren. Kein Wunder, dass es vor Konzepten mit Gelinggarantie nur so wimmelt.

Ein starres Programm, das Sie von A bis Z abarbeiten müssen, wird vielleicht einmalig zu einer aufgeräumten Wohnung führen. Doch stimmt es nicht mit Ihrer eigentlichen Lebensweise überein, wird dieser Effekt bald verpufft sein. **Nutzen Sie stattdessen diejenigen Tipps aus diesem Buch, die zu Ihnen passen.** Probieren Sie sich aus. Am Ende entscheiden Sie, welche Möglichkeiten Sie nutzen.

Mit Beliebigkeit hat das nichts zu tun. Es geht weder darum, sich das am wenigsten aufwendige Vorgehen herauszupicken, noch darum, heute diesen Tipp umzusetzen und morgen jenen. **Stellen Sie sich Ihre Ordnung als einen Weg vor, auf den Sie sich machen – mit einem Startpunkt und einem Ziel.** Das Ganze ist ein Selbstfindungsprozess im besten Sinne, denn Sie werden jede Menge über sich selbst lernen.

Kann's losgehen? Dann fragen Sie sich: Was bedeutet Ordnung für mich? Was will ich erreichen und verändern? Will ich eine puristisch-leere Wohnung oder ein gemütliches Nest? Will ich mein kreatives Chaos bändigen oder einfach wieder durchatmen? Und natürlich: Was hat mich bislang davon abgehalten, Ordnung zu schaffen?

Auf dem weiteren Weg werden Sie entdecken, dass Aussortieren und Neuordnen kein Selbstzweck sind, sondern Bewegung und Leichtigkeit in Ihr Leben bringen – und Freude machen. Lassen Sie sich vom vor Ihnen liegenden Weg nicht schrecken! Gliedern Sie ihn in Etappen, bestimmen Sie deren Länge und gehen Sie Ihr eigenes Tempo. Das Gute: Ein Richtig oder Falsch gibt es nicht.

Natürlich ist der Weg zur Ihrer eigenen Ordnung anstrengend. Schließlich gilt es, permanent Entscheidungen zu treffen. Nehmen Sie sich deshalb immer nur so viel vor, wie Sie ohne großen Stress schaffen können. Planen Sie Pausen und Puffer ein, und überfordern Sie sich nicht.

Schaffen Sie es ans Ziel Ihres Weges, werden Sie wieder Macht über Ihr Leben gewinnen. **Sie werden zufriedener und glücklicher sein, weil Sie Blockaden und Hindernisse überwinden und die Ergebnisse Ihrer Arbeit sehen und spüren.**

KUNST MACHT GLÜCKLICH!

Echte Kunst kann Ihre Wohnung beleben und Ihr Leben bereichern. Ölbilder, Aquarelle und Zeichnungen sind eine gute Alternative zu Plakaten, Postern und Bildkalendern. Viele Menschen würden sich gern mit Kunst umgeben, wagen es jedoch nicht, eine Galerie zu betreten. Sie befürchten, Sie könnten sich die angebotenen Bilder und Skulpturen ohnehin nicht leisten. Dabei sind Werke von jüngeren, noch unbekannten Künstlern und limitierte Editionen oft erschwinglicher, als Sie denken.

TIPP 1: Geschmack ergründen

Finden Sie zunächst heraus, was Ihnen gefällt. Besuchen Sie Ausstellungen und informieren Sie sich im Internet oder in Kunstzeitschriften. Ein guter Einstieg für Kunstkäufer sind Zeichnungen auf Papier. Sie sind oft schon für 200 bis 500 Euro zu haben.

TIPP 2: Auf Editionen achten

Eine weitere Möglichkeit sind „Multiples", auch Editionen genannt. Dabei handelt es sich um Vervielfältigungen eines Originals: Siebdrucke, Radierungen, Fotografien und Abgüsse von Skulpturen, die nummeriert und signiert sind. Grundsätzlich gilt: Je kleiner die Auflage, desto wertvoller jedes Exemplar. Erwerben Sie ein Werk direkt beim Künstler, ist es meist günstiger, weil der Galerieaufschlag wegfällt.

Extra-Tipp: Bilder in der eigenen Wohnung zur Probe aufzuhängen, ist fast immer möglich. Fragen Sie den Künstler beziehungsweise dessen Galerie.

TIPP 3: Informationen sammeln

Auch, wenn Ihr Kunstkauf nicht als Geldanlage gedacht ist, kann es interessant sein, den Hintergrund des Künstlers und seinen Marktwert zu kennen. Informieren Sie sich, wo er studiert hat und erste Ausstellungen hatte. Wird ein Künstler von mehreren Galerien vertreten, ist das ein gutes Zeichen und erhöht die Aussicht, dass die Werke künftig eher im Preis steigen können.

TIPP 4: Wert per App feststellen

Name und Preis eines Kunstwerkes lassen sich mit Hilfe von Apps wie Magnus, Artsy, Wydr und ArtPassport checken. Entdecken Sie zum Beispiel ein Bild, das Ihnen gefällt, fotografieren Sie es aus der App heraus und bekommen die gewünschten Daten angezeigt. Außerdem erfahren Sie, ob eine andere Galerie das Bild möglicherweise günstiger anbietet. So sind Sie gewappnet und können mit dem Galeristen auf Augenhöhe verhandeln. Übrigens: Ein Spielraum von etwa 20 Prozent ist meistens möglich.

TIPP 5: Über Messen bummeln
Kunstmessen wie Art Basel, Art Cologne und Frieze Art Fair London bieten etablierten Sammler die Chance, sich einen aktuellen Marktüberblick zu verschaffen. Neueinsteiger fühlen sich auf großen Messen oft überfordert. Für sie gibt es jedoch seit einigen Jahren die „Affordable Art Fair" in Hamburg und die „Discovery Art Fair" in Berlin. Tatsächlich findet man dort qualitativ gute Drucke ab 100 Euro.

TIPP 6: Auf Talente setzen
Viele Kunsthochschulen veranstalten regelmäßig Ausstellungen ihrer Studenten: z. B. die Hochschule für bildende Kunst in Hamburg, die Universität der Künste sowie die Ostkreuzschule für Fotografie in Berlin, die Akademie der bildenden Künste München, die Burg Giebichenstein Kunsthochschule Halle, die Bauhaus-Universität in Weimar und die Kunstakademie Düsseldorf.

Extra-Tipp: Studenten haben meist noch keine Galerie, sodass ihre Arbeiten vergleichsweise günstig sind. Die Atmosphäre auf Hochschul-Ausstellungen ist ungezwungen, Besucher kommen leicht mit den jungen Künstlern ins Gespräch. Termine finden Sie im Internet.

TIPP 7: Übers Internet bestellen
Auch über das Internet können Sie Originale kaufen. Wichtige Adressen sind unter anderem arsmundi.de, singulart.com, lumas.de, artvergnuegen.com, kunsthaus-artes.de und originalkunstkaufen.de. Informieren Sie sich jedoch vorher über die Rückgabemodalitäten, falls Ihnen ein Bild nach der Lieferung nicht mehr gefällt.

TIPP 8: Offene Ateliers besuchen
In größeren Städten finden ein- bis zweimal im Jahr sogenannte Galerierundgänge oder Tage des Offenen Ateliers statt, zum Beispiele: das Gallery-Weekend in Berlin und Hamburg, die Open Art München, das Rheinische Galerie-Wochenende in Köln und Düsseldorf sowie der Saisonstart in Frankfurt. Dort können Sie sich unverbindlich Galerien ansehen und sich inspirieren lassen.

TIPP 9: Junge Kunst ersteigern
Neben Auktionshäusern in jeder größeren Stadt gibt es ein Online-Auktionshaus für Junge Kunst: www.startyourart.de. Dort präsentieren bis zu 50 ausgewählte Künstler ihre neuesten Werke. Entdecken Sie etwas, das Ihnen gefällt, geben Sie ein Gebot ab und erfahren zeitnah, ob das Kunstwerk schon bald Ihr Zuhause verschönert.

TIPP 10: Im „Supermarkt" kaufen
Jeweils zwischen November und Januar bietet der Kunstsupermarkt in Städten in Deutschland und der Schweiz Originale zum Verkauf an. Neben einer Gruppenausstellung präsentiert sich jeder Künstler mit mindestens 40 Arbeiten. Das Angebot reicht von Zeichnungen über Aquarelle, Acryl- und Ölgemälde bis hin zu Kleinplastiken.

KLEINE KISTE?

EIN GROSSTEIL DES SCHMUCKS bleibt bei vielen Menschen ungetragen.

Bei einer Schatulle bleibt es meist nicht: Viele Menschen bringen ihre **PREZIOSEN** in vielerlei Schachteln, Kistchen und Dosen unter.

BESSER NICHT!

Auf Auktionsplattformen wie Ebay ist die Konkurrenz so groß, dass Schmuck oft unter Wert weggeht.

VERSTREUTE KOSTBARKEITEN: In einer Schale im Bad liegen Ringe, in Großmutters altem Schmuckkästchen stecken Broschen und Armbänder und in der Lackdose aus Japan verbergen sich weitere Pracktstücke. Wertvolle Erinnerungsstücke liegen neben einfachen Perlenimitaten. Wer soll da die Übersicht behalten? Das ist schade um den ungetragenen Schmuck und schade für Sie: Muss es einmal schnell gehen, finden Sie die schönen Ohrringe nicht und tragen die gleichen wie immer. Mehr denn je gilt bei Schmuckaccessoires: Weniger ist mehr.

SCHICKE SCHUBLADE!

RÄUMEN SIE IHREN SCHÄTZEN den ihnen gebührenden Platz ein.

NACH DEN PERLEN FISCHEN: Legen Sie Ihren Schmuck aus Kisten und Kästchen auf einen Tisch und sortieren Sie ihn nach Kategorien, zum Beispiel Armbänder, Ohrringe und Broschen. Betrachten Sie jede Kategorie separat. Was möchten Sie künftig tragen, was verkaufen oder verschenken? Welche Erinnerungsstücke wollen Sie aufheben? In einer mit Filz ausgelegten Schublade in Kommode oder Kleiderschrank finden Ihre Schätze einen neuen Platz. So fällt es Ihnen leicht, eine Auswahl zu treffen – passend zu Kleidung und Stimmung.

Lichtinseln
Ob Leselampe, Pendelleuchte oder indirektes Licht – nutzen Sie alle Möglichkeiten, um Ihre Räume schön in Szene zu setzen.

RÄUME MIT LICHT GESTALTEN

Licht hat großen Einfluss darauf, ob wir uns zu Hause wohlfühlen. Je nach Helligkeit, Kontrast und Farbe entfaltet es eine andere Wirkung.

Schaffen Sie Lichtzonen mit mehreren Lichtquellen pro Raum aus helleren und dunkleren Bereichen. Ein heller Raum ohne Schatten wirkt unbehaglich wie ein Wartesaal. Kombinieren Sie verschiedene Lichtquellen, schaffen Sie Ruhepole und sorgen Sie für eine angenehme Atmosphäre.

Zum Beleuchten ganzer Räume eignen sich vor allem Deckenleuchten, Wandstrahler und Deckenfluter. Sie sorgen für weiches, indirektes Hintergrundlicht, das nicht blendet. Optimal sind dimmbare Leuchten, um die Helligkeit regulieren zu können.

Dagegen ist Akzentlicht eher punktuell, lenkt den Blick auf Details und schafft dadurch Abwechslung. Mit Spots und Strahlern lassen sich architektonische Details, Kunstwerke und Möbelstücke betonen und Farben zum Leuchten bringen. Haben Sie Mut zur Inszenierung und spielen Sie mit Licht und Schatten.

Ein punktgenaues Arbeitslicht ist dort gefragt, wo Sie alles erkennen und sich konzentrieren müssen – beim Lesen, Kochen oder bei der Arbeit am Schreibtisch. Erzeugen lässt es sich mit einer Gelenkleuchte oder einer Lichtleiste unter dem Hängeschrank.

Hier ein Überblick über die wichtigsten Leuchtenarten:

Hängeleuchten sind sehr dekorativ, werfen ein indirektes Licht, erzeugen jedoch Schatten. Daher werden sie idealerweise mit anderen Leuchten kombiniert.

Wandleuchten erzeugen ein eher sanftes Licht und eignen sich als indirekte Lichtquellen im Hintergrund.

Deckenfluter werfen helles Licht an die Zimmerdecke, die es in den Raum reflektiert. Fluter verfügen oft über einen Dimmer.

Einbaustrahler in der Zimmerdecke beleuchten die Flächen darunter, eignen sich etwa für Bäder und Küchenarbeitsflächen, sollten jedoch mit anderen Lichtquellen kombiniert werden.

Stehleuchten verbreiten indirektes Licht. Modelle mit Schwanenhals lassen sich als Arbeitslicht nutzen. Um Räume nicht zu überfrachten, sollten Größe und Farbe zum Stellplatz passen.

Gelenkleuchten mit Schwenkarm eignen sich überall dort, wo man mal mehr und mal weniger Licht benötigt, zum Beispiel neben Bett oder Sofa.

LASSEN SIE VERPACKUNGEN VERSCHWINDEN!

Verpackungen sollen vor allem eines leisten – mit Farben, Motiven und Design Aufmerksamkeit wecken und den Verkauf von Produkten ankurbeln. Höheren Ansprüchen an Ästhetik genügen sie eher selten. Warum stellen wir sie uns trotzdem auf den Frühstückstisch und in die Duschkabine?

Die Lösung: Körperpflegemittel vor Gebrauch und Lebensmittel sogar vor und nach jedem Essen umfüllen. Warum die ganze Mühe? Weil Sie es sich ab heute wert sind.

Shampoo, Duschgel und Handseife

So sieht's aus: Grasgrün, neongelb und quietschrot stehen Sie im Bad: Plastikflaschen mit Duschbad, Shampoo und Haarspülung sind kein schöner Anblick, Handseife am Waschbecken ebenso wenig.

So geht's besser: Umfüllen heißt die Devise. Kaufen Sie schlichte, schöne Spender aus Porzellan, Kunststoff oder Edelstahl. Sie kosten nicht viel, aber ihre optische Wirkung ist verblüffend. In fünf Minuten wirken Abstellflächen und Badregale viel klarer und ästhetischer.

Extra-Tipp: Wer statt Original- künftig Nachfüllpackungen kauft, spart quasi nebenbei etwas Verpackungsmaterial ein.

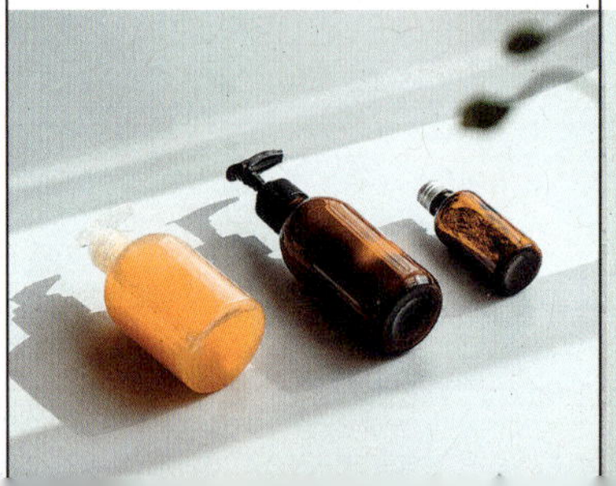

Toilettenpapier und Küchenrollen

So sieht's aus: Auf vielen Badregalen und in vielen Küchenunterschränken liegen aufgerissene Umverpackungen mit der Reserve an Küchen- oder Toilettenpapier. Das sieht hässlich aus und erschwert das Entnehmen der nächsten Rolle.

So geht's besser: Nehmen Sie die Rollen gleich nach dem Einkauf aus der Umverpackung und stapeln Sie sie im Bad- oder Unterschrank von Waschbecken oder Spüle. So haben Sie leichteren Zugriff und es sieht gleich aufgeräumter aus.

Extra-Tipp: Ist kein Platz im Badschrank, tut es für WC-Papier auch eine dezente Aufbewahrungsbox. Nachfüllen nicht vergessen!

Getränkeflaschen und -kartons

So sieht's aus: Auf einem schön gedeckten Tisch stechen Plastikflaschen und Getränkekartons unschön heraus. Die knallbunte Aufmachung von Eistee, Limonaden und Softdrinks macht die Sache nicht besser.

So geht's besser: Füllen Sie Wasser, Saft oder Limonade in eine schöne Glaskaraffe. Mineralwasser können Sie noch mit ein paar Zitronenscheiben oder Minzblättern aufpeppen – das schmeckt nicht nur gut, sondern sieht auch toll aus.

Extra-Tipp: Ein halber Liter Orangenlimonade enthält 14 Stück Würfelzucker. Säfte und Eistees in der Karaffe mit Wasser zu verdünnen lohnt sich also.

Reinigungs- und Handspülmittel

So sieht's aus: Flaschen mit Reinigungsmitteln und Waschmittelkartons stehen in vielen Bädern offen herum und verbreiten die Atmosphäre einer Abstellkammer oder Waschküche.

So geht's besser: Räumen Sie alle Putzmittel in einen Schrank. Ist im Bad kein Platz, räumen Sie WC- und Essigreiniger ins Schränkchen unter dem Waschbecken. Deponieren sie den Rest in der Abstellkammer oder im Küchenschrank. Handspülmittel gehört auf eine Ablage an der Spüle.

Extra-Tipp: Sie benötigen nur fünf Putzmittel: Allzweck-, Essig- und WC-Reiniger sowie Scheuermilch und Handspülmittel.

Lebensmittel, die auf den Tisch kommen

So sieht's aus: Weil es schneller geht, stellt mancher zum Frühstück oder Abendbrot oft Käse, Wurst, Butter, Aufstriche und Müsli in der Originalverpackung auf den Tisch. Das sieht unschön und lieblos aus.

So geht's besser: Nehmen Sie sich ein paar Minuten Zeit – mehr ist tatsächlich nicht nötig. Legen Sie Wurst und Käse auf Teller, füllen Sie Marmelade, Honig und andere Aufstriche in Schüsseln. Müsli bewahren Sie in einem schönen Vorratsbehälter auf, der ein echter Blickfang auf dem Tisch ist.

Extra-Tipp: Lassen Sie gekühlte Lebensmittel vor allem im Sommer nicht zu lange auf dem Tisch liegen.

KABELSALAT?

STECKERLEISTEN MIT SCHALTER sind praktisch und helfen, Strom zu sparen. Ästhetisch gesehen sind sie allerdings der Super-Gau.

Längere Kabelführungen können hinter der **SCHEUERLEISTE** in einem Kabelkanal oder mit Nagelschellen versteckt werden.

FERNSEHER UND BLU-RAY-PLAYER, Internet-Router und Laptop, Hi-Fi-Anlage und Leselampe – sie alle benötigen einen Stromanschluss. Auch Smartphone, Tablet und Bluetooth-Lautsprecher hängen fast täglich am Netz und laden ihre Akkus. Gäbe es keine Steckerleisten, herrschte Dauerstau an den oft viel zu wenigen Steckdosen. Nachteil: Das ungebändigte Kabelgewirr verleiht der Wohnung den Charme eines Elektroladens. Die schwarzen und weißen Plastikschlangen sind zudem berüchtigte Stolperfallen und ziehen Staubflocken magisch an.

STROMKASTEN!

LASSEN SIE STECKER UND STRIPPEN VERSCHWINDEN –
eine Kabelbox schafft Ordnung und sieht um Welten besser aus.

WENN SIE NICHT AUF LEITUNGEN STEHEN, versuchen Sie, Elektrogeräte möglichst in Schränken und Regalen unterzubringen. Führen Sie die Kabel von hinten durch dafür vorgesehene Löcher in den Rückwänden der Möbel zu. Mehrfachsteckdosen lassen sich hinter den Geräten oder unter einem Schrank verbergen. Steckerleisten und Adapter können Sie auch in sogenannten Kabelboxen verschwinden lassen. Auf den Deckeln einiger Boxen können Sie dafür geeignete Geräte sogar induktiv laden – indem Sie sie einfach darauflegen.

Urbanes Treibgut
Wenn alle mitmachen, füllt sich eine Krimskrams-Box wie von Zauberhand.

WAS TUN MIT DEM GANZEN KLEINKRAM?

Im Lauf der Zeit sammeln sich auf Ihren Kommoden, Tischen und Ablagen sicherlich auch viele kleine Dinge an: Restgeld, Restaurantflyer, das Teddy-Auge, das seit Wochen darauf wartet, angenäht zu werden, Kopfhörer, Haarspangen oder die Facharztüberweisung. Keine Sorge: mit der Treibgutkiste bekommen Sie den Kleinkram und Ihre Ordnung ganz nebenbei in den Griff.

1 Zwischenlager eröffnen: Es wäre eine Illusion zu glauben, jedes Familienmitglied würde jeden Schnipsel immer sofort an ihren Platz tragen. Zumal oft nicht klar ist, wo dieser sich befindet. **Was Sie brauchen, ist ein Zwischenlager. Nutzen Sie dafür eine Schublade oder Box** in Küche oder Wohnzimmer. In dieser Krimskrams-Box lagern Sie sämtliches Treibgut zwischen, das im Laufe von ein bis zwei Wochen in Ihrer Wohnung angespült wird.

2 Leerungszeiten bestimmen: Damit dieser Ort nicht zum Endlager wird, sollten Sie die Box oder Schublade regelmäßig leeren – am besten ein- bis zweimal im Monat. Machen Sie sich einen Vermerk in den Kalender, damit Sie den Termin nicht vergessen.

3 „Treibgut" aufräumen: Gehen Sie durch Ihre Wohnung und bringen Sie jeden Gegenstand dorthin zurück, wo er seinen Platz hat. Auf einem Tablett sortieren Sie die Sachen nach Zimmern vor. So ersparen Sie sich doppelte Wege.

4 Reparaturen einplanen: Planen Sie genügend Zeit ein, damit der Teddy nicht länger auf sein Auge oder das Hemd nicht länger auf den fehlenden Knopf warten muss. Was sich nicht reparieren lässt, entsorgen Sie umgehend.

5 Prioritäten setzen: Finden Sie Dinge, die Sie an Termine oder Fristen erinnern, etwa den Aufkleber für die Rücksendung einer Online-Bestellung oder eine Einladung, auf die Sie noch nicht reagiert haben, schieben Sie diese Aufgabe nicht auf die lange Bank, sondern kümmern Sie sich am besten gleich oder so bald wie möglich darum.

6 Anlaufstelle nutzen: Sollten Sie zwischen zwei Leerungen Ihrer Krimskrams-Box Ihre Kopfhörer oder Lesebrille vermissen, wissen Sie nun, wo Sie als Erstes nachschauen.

7 Der Mühe Lohn: Wenn alle mitmachen, werden die Herumtreiber an einem Ort gesammelt. Die Wohnung bleibt ordentlich.

Haben Sie Ihre Ordnung etabliert, werden Sie ein Gefühl der Erleichterung und Klarheit verspüren. In diesem Kapitel erfahren Sie, wie Sie Ihre Ordnung und dieses Wohlgefühl ganz nebenbei aufrechterhalten – und sie auf weitere Lebensbereiche ausdehnen können.

DIE NEUE LEICHTIGKEIT

KLEINE KULTURGESCHICHTE DER ORDNUNG

Gott und Genesis

Als Gott sich vornahm, die Welt zu erschaffen, herrschte auf Erden Tohuwabohu, ein heilloses Durcheinander. Martin Luther übersetzte, die Erde sei „wüst und leer" gewesen. Die katholische Einheitsübersetzung der Bibel nennt den Urzustand der Welt „wüst und wirr".

Gott räumte auf. Er schied Licht und Schatten, trennte Morgen und Abend, teilte Land und Wasser. Die Menschen sortierte er in Frau und Mann und bestimmte sie obendrein zum Herrscher über die ganze Erde und „alles Gewürm, was auf ihr kreucht."

Mag sein, dass er es sich damit etwas zu leicht gemacht hat. Aber er bediente den Wunsch des Menschen nach Einfachheit. **Die Genesis lässt sich lesen als Dokument einer alten, tiefen Sehnsucht des Menschen nach Übersicht, Harmonie und Struktur in einer Welt, die schwer zu durchschauen ist.** Uns überfordert mit ihren Reizen, Gefahren und Ungewissheiten.

Chaos und Kosmos

So hießen die Gegensätze bei den Denkern des antiken Griechenlands. In seinem Spätwerk Timaios schildert Platon, wie ein „Demiurg" genannter Schöpfer aus formlosem Wirrwarr (altgriech. „Chaos") ein sinnvolles Universum gestaltet. Sein Kosmos war ausgestattet mit größtmöglicher Schönheit, geprägt von Vernunft und Notwendigkeit. Für Ordnung und Welt steht der griechische Begriff „Kosmos" – doch interessanterweise auch für Anstand und Ehre.

Natur und Naturwissenschaft

Die Natur selbst, ob nun angestiftet von einem Gott oder getrieben von der Evolution, bringt komplexe Gebilde hochgradiger Ordnung hervor – von der kristallinen Struktur einer Schneeflocke über das Wunderwerk der Zelle bis hin zur Schönheit des menschlichen Antlitzes – das uns übrigens gerade dann besonders attraktiv erscheint, wenn es nicht perfekt symmetrisch ist.

Die Wissenschaftler der Neuzeit versuchten diese Pracht und Vielfalt der Natur zu inventarisieren, ihre Gesetze zu verstehen und ihre Wildnis damit zu bändigen. Astronomen berechneten den Lauf der Planeten, Chemiker ordneten die Elemente. 7700 Pflanzen-, 6200 Tier- und 500 Mineralienarten zählte und beschrieb der schwedische Taxonom Carl von Linné in seinem 1735 erschienenen Werk „Systema Naturae". Botaniker, Zoologen und Geologen führen die Katalogisierung bis heute fort.

Durcheinander und Ordnung

Im Gegensatz dazu erinnert die moderne Chaosforschung daran, dass sich viele Erscheinungen der Natur unserer Sehnsucht nach Ordnung widersetzen. Ihre Wissenschaftler widmen sich Turbulenzen, Instabilitäten und dynamischen Prozessen, dem Nicht-Linearen, nicht Reproduzierbaren – dem großen Rauschen.

Mit ihren Erkenntnissen versuchen die Chaosforscher, erratischen Wirtschaftsentwicklungen, scheinbar aus dem Nichts entstehenden Staus und dem Flimmern des Herzens mathematisch Herr zu werden. Sie sprechen vom „deterministischen Chaos", einem vorhersagbaren Wirrwarr.

Entropie und System

Aus der Thermodynamik stammt ein Begriff, der das irdische Chaos zu fassen versucht: Entropie. Diese lässt sich ungefähr als „Maß für Unordnung" interpretieren: In einem sich selbst überlassenen System steigt die Entropie zwangsläufig. Erinnert Sie das an Ihre Wohnung? Kein Wunder, müssen wir doch viel Energie aufwenden, um den Zustand der Ordnung herzustellen und aufrechtzuerhalten.

Gesellschaft und Staat

Komplexität zu reduzieren und Ordnung zu etablieren versucht der Mensch auch im Zusammenleben mit anderen. Er braucht Halt und Sinn, sucht seinen Platz. So setzt er sich Regeln, baut sich Institutionen wie Eigentum, Ehe oder Staat – eine Gesellschaftsordnung. Nach Ende der beiden Weltkriege hofften viele Politiker, eine friedliche und stabile Weltordnung etablieren zu können, doch weder der Völkerbund noch die Vereinten Nationen haben diese Vision bis heute Wirklichkeit werden lassen.

Gesellschaftliche Ordnung ist hilfreich und auch notwendig. Sie bietet Orientierung und Sicherheit. Doch spätestens in einer Diktatur zeigt die Ordnung ihre hässliche, harte Seite. Erzwingt eine Ordnungsmacht von ihren Untertanen Unterordnung und ahndet Ordnungswidrigkeiten brutal, stirbt die Freiheit. Für unsere Gesellschaft im Großen wie für unser Zuhause im Kleinen gilt: Ordnung muss dem Leben dienen und nicht das Leben der Ordnung.

Perfektion und Alltag

Im Alltag bedarf es zuweilen überirdischer Anstrengungen, Haus oder Wohnung im Schuss zu halten. Hüten wir uns vor Perfektion. Nicht einmal Gott, dem größten aller Räumer, gelingt es, seine Ordnung immer durchzusetzen. Schließlich hat er einen Gegenspieler, den Teufel – auf Altgriechisch Diabolos, der „Durcheinanderwerfer".

AUFGEBLÄHT?

MANCHES PORTEMONNAIE trägt dick auf – und das liegt nicht an zu vielen Geldscheinen.

SIE KÖNNEN IHRE GELDBÖRSE kaum noch zuklappen, weil aus ihr die Quittungen der letzten Wochen und Monate hervorquellen? Weil sie voll alter Fahrkarten, fremder Visitenkarten, Pfandmarken und Münzen verschiedener Währungen ist? Sie merken schon: Nichts davon brauchen Sie im täglichen Zugriff. Dagegen macht das Konvolut Ihre Jacke auf der einen Seite doppelt so schwer oder beult Ihnen die Hosentasche Ihrer Lieblingsjeans aus. Und im Gedränge lässt sich eine attraktive, pralle Geldbörse viel leichter aus Ihrer Tasche fischen.

ABGESPECKT!

WERFEN SIE ETWAS VON DER LAST AB die Sie täglich mit sich herumschleppen.

MACHEN SIE TABULA RASA! Leeren Sie Ihr Portemonnaie komplett und verwenden Sie es künftig nur noch für Geld, Kredit- und Girokarte, Personalausweis, Führerschein, Gesundheits- und Nahverkehrskarte sowie Organspenderausweis. Visitenkarten lassen sich per App einscannen. Sortieren Sie Quittungen wöchentlich aus – legen Sie sie zu den Steuerbelegen, heften Sie sie in Ihren Rechnungsordner oder werfen Sie sie in den Müll. Auf test.de, Stichwort „Kontaktlos bezahlen", finden Sie ein Special zu bargeldlosem Zahlen per App, NFC & Co.

Nie wieder wühlen
Ein Einsatz aus Filz teilt die Handtasche in viele kleinere Fächer, die sich mit Utensilien des täglichen Bedarfs bestücken und in andere Taschen umräumen lassen.

ORDNUNG IN DER HANDTASCHE

Viele Handtaschen erfüllen neben ihrem eigentlichen Zweck auch die Aufgabe als Überlebenskoffer. Neben Geldbörse, Schlüssel, Handy, Brillenetui, Stift und Kalender finden sich in ihnen Kosmetikartikel, Medikamente, Kekse, Ladekabel, Schmuck und vieles mehr. Diese fünf Tipps helfen Ihnen, ab sofort alles auf Anhieb zu finden, ohne langes Suchen.

1 Aussortieren: Fragen Sie sich, welche der Dinge, die Sie mit sich herumtragen, tatsächlich jeden Tag brauchen. Vermutlich sind das eine Handvoll Sachen wie Geldbörse und Schlüssel, Smartphone und Ladekabel, Brillenetui, Kalender und Stift sowie einige Kosmetika. Verpflegung, Medikamente und den Regenschirm können Sie ausquartieren – und nur bei Bedarf wieder einpacken.

2 Eintüten: Um für mehr Ordnung innerhalb der Kategorien zu sorgen, kaufen Sie sich kleine Stofftäschchen mit Reißverschluss. Diese gibt es in verschiedensten Farben – oder natürlich selbstgenäht. Ein Täschchen für Kosmetika, eines für Tampons, eines für Stifte, Radiergummi und Anspitzer. Die jeweilige Farbe erleichtert Ihnen das Wiederfinden.

3 Nachrüsten: Auch Handtascheneinsätze aus Filz, wie es sie vielerorts zu kaufen gibt, können sehr hilfreich sein. Diese sind unterteilt in viele offene Fächer, die Sie von oben bestücken können. So sehen Sie auf einen Blick, was Sie suchen. Achten Sie beim kauf auf die Abmessungen. Die Einsätze gibt es für die verschiedensten Größen.

4 Umschichten: Hinzukommt, dass viele Frauen nicht nur eine, sondern viele Handtaschen besitzen. Entweder wissen sie dann nicht mehr, was in welcher Tasche ist oder sie statten einfach jede Tasche mit sämtlichen vermeintlich notwendigen Utensilien aus. Das ist künftig überflüssig: Mit Hilfe der verschiedenfarbigen Stoffbeutel oder eines Filzeinsatzes lassen sich die persönlichen Utensilien schnell und problemlos in eine andere Tasche transferieren.

5 Inspizieren: Gewöhnen Sie sich an, jeden Abend alles aus Ihrer Handtasche auszuräumen, was sich tagsüber darin an zusätzlichen Sachen angesammelt hat – etwa Prospekte, Plastikflaschen und Quittungen. So wird Ihre Tasche nicht zum Schwarzen Loch. **Übrigens: Was für Handtaschen gilt, lässt sich genauso auf Rucksäcke und Umhängetaschen übertragen.**

ZEIT IST WERTVOLL – GEHEN SIE SORGSAM DAMIT UM

Sie sind durch Beruf und Familie, Hobbys und Ehrenamt so ausgelastet, dass Sie sich nicht vorstellen können, auch noch Ihre Wohnung in Schuss zu halten? Keine Bange: Sie sind nicht allein.

Für alles zu wenig Zeit zu haben – das Gefühl kennt fast jeder. Aufgaben nicht erfüllen zu können und Herausforderungen nicht gewachsen zu sein, produziert nicht selten Schuldgefühle. Es gibt Strategien, das Gefühl der Ohnmacht zu bekämpfen und sein Leben wieder in den Griff zu bekommen. Zeitmanagement heißt das Stichwort. Die folgenden Tipps liefern einige praktikable Ansatzpunkte, wie Sie die Ihnen zur Verfügung stehende Zeit besser nutzen können.

TIPP 1: Tagespläne erstellen

Mal abgesehen vom Job – wie viel Zeit steht Ihnen zur Verfügung, und was ist in dieser Zeit zu tun? Listen Sie Ihre Aufgaben auf, bewerten Sie diese nach Dringlichkeit und legen Sie die Reihenfolge fest, in der Sie sie erledigen wollen. Sie gehen dabei nach dem sogenannten Eisenhower-Prinzip vor: Zuerst wird getan, was sowohl wichtig als auch eilig ist, danach kommt Wichtiges. Eiliges sollten Sie falls möglich delegieren – also etwa Ihren Partner darum bitten. Was weder eilig noch wichtig ist, rückt in der Liste nach ganz unten.

TIPP 2: Puffer einplanen

Steuererklärung, Urlaubsbuchung, Geburtstagsparty organisieren – Aufgaben, die terminlich bereits feststehen, erfassen Sie in Wochen-, Monats- bzw. Jahresplänen. Achten Sie darauf, diese möglichst realistisch zu gestalten. Bauen Sie stets einen angemessenen Puffer ein, falls die Erledigung einer Sache länger dauert oder ungeplante Dinge passieren. Wer zu streng plant, zwängt sich unnötig in ein Korsett.

TIPP 3: Biorhythmus beachten

Nach einem langen Arbeitstag sind Sie immer erschöpft? Dann vermeiden Sie besser, am Abend wichtige Aufgaben zu erledigen. Wer sich ständig zwingt, über das eigene Kräftelimit hinauszugehen, riskiert einen Burnout. Versuchen Sie, Ihren Arbeitstag Ihrem Biorhythmus anzupassen, planen Sie entsprechend der eigenen Leistungskurve und Ihrer Ressourcen, und nehmen Sie Rücksicht auf Ihr persönliches Limit.

TIPP 4: „Nein" sagen lernen

Nichts spricht gegen gelegentliche Gefälligkeiten für Kollegen oder Freunde. Stellt sich jedoch das Gefühl der Überforderung ein, fragen Sie sich: Gehört diese Aufgabe wirklich zu meinem Bereich, oder ist es ein reiner Freundschaftsdienst? Haben Sie den Mut, Bitten auch einmal abzulehnen!

TIPP 5: Kleine Fluchten stoppen

Steht eine Aufgabe an, auf die Sie keine Lust haben oder die Ihnen unangenehm ist – wie gern checken Sie erst einmal Ihre E-Mails, räumen den Geschirrspüler aus oder gehen mit dem Hund Gassi! Solche kleinen Fluchten sind menschlich und beruhigen das Gewissen, denn man ist ja trotzdem produktiv – irgendwie. Doch die unangenehme Aufgabe bleibt und der Stress vergrößert sich. Hier hilft leider nur Selbstdisziplin: Überwinden Sie sich und ignorieren Sie Ablenkungen, indem Sie sich an einen ruhigen Ort zurückziehen.

TIPP 6: Störungen unterbinden

Sie sind mitten im konzentrierten Arbeitsprozess, da klingelt plötzlich das Telefon, Mails fluten herein, jemand fragt Sie etwas – und jedes Mal müssen Sie reagieren? Unterbrechungen kosten zum einen viel Zeit, zum anderen müssen Sie sich jedes Mal neu in Ihr eigentliches Thema hineindenken. Daher: E-Mail-Programm vorübergehend schließen, Anrufbeantworter anschalten und Zimmertür schließen!

TIPP 7: Nicht panisch werden

Nimmt der Druck überhand, neigen viele Menschen dazu, alles gleichzeitig zu tun. Zu viele Bälle in der Luft halten zu wollen, führt jedoch unweigerlich zu wilden Hauruck-Aktionen – und schlechten Ergebnissen. Wer bei Stress die Ruhe bewahrt und nichts überstürzt, ist effektiver. Dazu gehört jedoch auch Mut zur Lücke. Trauen Sie sich, Aufgaben zu 80 Prozent zu erledigen – in aller Regel reicht das völlig aus.

TIPP 8: Freizeit ist freie Zeit

Freizeit dient der Regeneration und der Entspannung – nicht dazu, Aufgaben zu erledigen, die man vorher nicht geschafft hat. Geht es nicht anders, bügeln Sie Versäumnisse am Wochenende oder nach Feierabend aus – lassen Sie das aber nicht zur Routine werden! Seien Sie nach Möglichkeit für Chef und Kollegen nicht erreichbar.

TIPP 9: Perfektionismus ade!

Sie können nicht allem und jedem gerecht werden. Eine Binsenweisheit, die dennoch wahr ist. Fakt ist: Sie sind weder fremdgesteuert noch willenlos. Trauen Sie sich, Aufgaben nach ihrer Wichtigkeit zu bewerten – und setzen Sie Prioritäten!

DAS PRINZIP „TO-DO-LISTE“

Mit To-do-Listen ist es so eine Sache: Manche sind so lang, dass man das Gefühl hat, nichts zu schaffen. Andere sind unübersichtlich oder veraltet – nicht zu reden davon, wann man alle Punkte umsetzen soll.

1. Alle Aufgaben notieren

Schreiben Sie zunächst alles, was es zu tun gibt, auf ein DIN-A4-Blatt: vom Paket, das noch bei der Post liegt, über den Wocheneinkauf bis zum Anruf beim Installateur. Größere Projekte wie eine Renovierung unterteilen Sie in zeitlich erfassbare Schritte: Farben auswählen, Material kaufen, malern.

2. Nach Kategorien sortieren

Unterteilen Sie ein zweites Blatt spaltenweise in Kategorien, zum Beispiel Besorgungen, Anrufe & Mails, Haus & Wohnung. Übertragen Sie Ihre To-dos in die Liste und werfen Sie das erste Blatt weg.

3. Tagesplan erstellen

Nehmen Sie sich jeden Morgen fünf Minuten Zeit für einen Tagesplan. Beispiel: 10–14 Uhr: Büro, 15 Uhr: Kinder abholen, 20 Uhr: Tanzkurs. Lücken füllen Sie mit Einträgen auf der To-do-Liste. Abends haken Sie ab, was Sie geschafft haben und streichen erledigte To-dos von der Liste.

4. To-do-Liste stets mitnehmen

Die To-do-Liste dient dazu, nichts zu vergessen und den Überblick zu behalten. Tragen Sie sie immer bei sich, etwa zusammengefaltet in Ihrem Kalender. So

Anrufe	E-Mails	Besorgungen
– Zahnarzttermin machen – Maler Kostenvoranschlag – Krankenkasse – Emil gratulieren – Hausmeister: Termin?	– Versicherung kündigen – Marcel antworten – Petra Fotos von neulich schicken	– Blumen für Oma – Geschenk Gesa – Paket zur Post – Passbilder

können Sie auch unterwegs Aufgaben notieren und nichts gerät in Vergessenheit.

5. Ab und zu neue Liste schreiben

Haben Sie den größten Teil der ursprünglichen Aufgaben erledigt und ist viel Neues dazugekommen, schreiben Sie der besseren Übersicht halber eine neue Liste nach demselben Muster.

6. Realistisch planen lernen

Wichtig ist, dass Sie realistisch einschätzen, wie lange Sie für eine Aufgabe brauchen. Nur dann können Sie sie so in Ihren Tagesplan integrieren, dass kein Stress entsteht. Zwischen „Kinder abholen“ und „Heizungsmonteur“ steht dann vielleicht nur noch „Schwester anrufen“.

Extra-Tipp: Nehmen Sie sich zu Beginn weniger vor, als Sie glauben, bewältigen zu können. Finden Sie so Ihr persönliches Maß für einen Tag – und schauen Sie am Abend zufrieden auf das, was Sie geschafft haben.

PAPIER ODER HANDY?

In Zeiten von Laptop, Smartphone und Tablet lassen sich Termine, Aufgaben und Notizen ohne Weiteres zwischen verschiedenen Geräten synchronisieren – vorausgesetzt, auf allen ist dieselbe App installiert. Das bedeutet: Egal, in welches Gerät der Nutzer eine Aufgabe tippt – sie wird automatisch auch auf allen anderen angezeigt. Vor diesem Hintergrund mag es zunächst altertümlich anmuten, zu Stift und Papier zu greifen. Doch die Haptik des Papiers und der **manuelle Vorgang des Aufschreibens** tragen stark dazu bei, Dinge zu verinnerlichen und praktisch anzugehen. Für alle eingefleischte Digitalfans empfehlen wir praktische Apps für iOS- und Android-Geräte (siehe S. 206/207).

Projekte < 1 h	Projekte 1 – 2 h	Projekte 2 – 3 h	Projekte > 4 h
– Überweisungen – Geburtstagsbrief Mama – Tickets bestellen – Transferkiste leeren	– Gewürze aussortieren – Kosmetik sortieren und umfüllen	– Recherche neue Matratze – CDs sortieren	– Steuererklärung: Belege sammeln, Steuertipps durchlesen, Formulare ausfüllen – Urlaub: Zeitraum, Land, Unterkunft?

BILDERFLUT?

DIE FOTOS IHRES LEBENS – meist verstreut über Kisten, Koffer und Computer.

Wer noch die **NEGATIVSTREIFEN** hat, kann sich neue Abzüge von fehlenden Fotos machen lassen.

Ältere Fotos lassen sich einscannen und mit ein paar **KLICKS** am Computer auffrischen.

UNSORTIERTE VERGANGENHEIT: Die meisten Menschen besitzen tausende Fotos: aus dem Besitz von Eltern und Großeltern, aus der eigenen Jugend – zum Teil noch in Drogerietüten samt Negativstreifen – sowie Fotoalben. Dazu kommen auf CD gebrannte Aufnahmen von Digitalkameras sowie Bilder auf PC und Smartphone. Die Aufgabe, Ordnung ins Chaos zu bringen, schieben viele Menschen seit Jahren vor sich her. Denn an jedem Bild hängt eine Erinnerung, weshalb Sie sich für das Sortieren Ihrer Fotos viel Zeit und Muße nehmen sollten.

ERINNERUNGSKULTUR!

DIGITAL STATT ANALOG: Wer seine Bilder an einem zentralen Ort archiviert, findet schneller, was er sucht.

DIGITALE ÜBERSICHT: Machen Sie zunächst Nägel mit Köpfen und digitalisieren Sie Ihre Sammlung, gegebenenfalls bei einem darauf spezialisierten Dienstleister. Wann schauen Sie schon alte Urlaubsalben an, geschweige denn Dias? Speichern Sie sie auf einer Festplatte oder in der Cloud, um sie sich künftig auf Computer, iPad oder Fernseher ansehen zu können. Eine Auswahl Ihrer schönsten Fotos können Sie drucken lassen und in Ihrer Wohnung speziell in Szene setzen: etwa als edles Fotobuch oder in einem Bilderrahmen mit Passepartout.

ANALOGE FOTOS SORTIEREN

Wenn Sie es dennoch lieber analog mögen, gibt es auch dafür praktische Systematiken:

Boxen

Sortieren Sie Ihre Fotos chronologisch, zumindest aber ungefähr einer Zeitspanne zu. Heben Sie nicht alle Fotos auf. Wählen Sie pro Ereignis die besten Bilder und beschriften Sie deren Rückseite mit Bleistift.

Vermessen Sie den Regalplatz, kaufen Sie passende, einheitliche Boxen und beschriften Sie sie nach Jahren oder Ereignissen. Lassen Sie bei Ihren Fotos ausreichend Luft, um problemlos blättern zu können.

Vorteil: In eine Box der Größe 19,5 x 15,5 x 27,5 Zentimeter passen ca. 400 bis 500 Bilder im Format 13 x 18 Zentimeter.

Nachteil: Das Anschauen der Bilder ist nicht so komfortabel wie in einem Album.

Alben

Sortieren Sie Ihre Fotos chronologisch. Kaufen Sie dafür möglichst Alben eines Typs. Weisen die Alben Ihrer Ahnen Lücken auf, enthalten falsch datierte Bilder oder gehen bereits aus dem Leim, sollten Sie sich überlegen, ob Sie eventuell sämtliche Fotos entnehmen und anschließend in neue Alben kleben wollen. Was Sie dafür brauchen, ist ausreichend Zeit.

Vorteil: Für Fotos ganz unterschiedlicher Formate geeignet, die Sie sich öfter anschauen möchten.

Nachteil: Im Nachhinein lassen sich keine weiteren Fotos mehr einfügen.

Tipp: Achten Sie beim Kauf von Boxen, Alben, Trennblättern, Ordnerkassetten, Ordnerblättern, Fotoecken und Klebstoffen darauf, dass die Produkte P.A.T.-zertifiziert sind („Photographic Activity Test"). Das gewährleistet, dass die verarbeiteten Materialien nicht chemisch mit Fotos reagieren.

Ordnerkassetten/Ringalben/Schuber

Wer sich für Ordnerkassetten oder Ringalben entscheidet, lagert seine Fotos in staubabweisenden, transparenten Ordnerhüllen, in die sich auch Negative schnell, übersichtlich und sicher archivieren lassen.

Vorteil: Hüllen sind ähnlich wie Albumseiten einfach umzublättern, aufwendiges Einkleben jedes einzelnen Fotos entfällt.

Nachteil: Sie sehen Ihre Bilder immer durch eine Kunststofffolie und müssen sie herausnehmen, um die Beschriftung auf der Rückseite lesen zu können.

Tipp: Bewahren Sie Fotografien nicht zusammen mit Zeitungsausschnitten auf, da die in dem Papier enthaltene Säure die Bilder beschädigen kann.

HITLISTE

ALTES DIGITALISIEREN: Vieles klappt in Eigenregie. Mit speziellen Dienstleistern wird das Ergebnis aber deutlich hochwertiger.

VHS-Videokassetten

Mit einem „Video-Grabber" VHS-Player und PC verbinden.

Super 8-Filme

Projektorbild abfilmen oder Video-Transfergerät kaufen.

Musik-Kassetten

Kassettengerät mit Soundkarte des Rechners verbinden und Aufnahmesoftware installieren.

Schallplatten

Analog zum Vorgehen bei Musikkassetten, jedoch zwischengeschalteter Vorverstärker nötig.

CDs

Digitale Inhalte lassen sich über das CD-Laufwerk des Rechners auf dessen Festplatte kopieren.

Fotos

Fotos lassen sich einscannen und mit einer Software auf dem Rechner nachbearbeiten.

Dias

Separater Dia-Scanner erforderlich, Nachbearbeitung per Software empfehlenswert.

Bücher

Entweder einen Flachbett-Scanner plus Scan-Software nutzen oder Seiten abfotografieren.

Zeitschriften

Vorgehen analog zu Büchern, eventuell ist eine Nachbearbeitung am Rechner sinnvoll.

DIGITALE FOTOS SORTIEREN

Ob selbst mit Smartphone oder Digitalkamera geschossen oder per Mail, SMS und WhatsApp von anderen geschickt bekommen – im Laufe der Jahre sammeln sich bei den meisten Menschen massenhaft digitale Fotos an. Gar nicht so leicht, da die Übersicht zu behalten – geschweige denn, die Datenflut sinnvoll zu archivieren und einzelne Bilder stets griffbereit zu haben.

SCHRITT 1: Fotos zusammensuchen

Verteilt sich Ihre Sammlung auf mehrere Speichermedien (etwa Festplatten und Speicherkarten), nehmen Sie sich Zeit zum Sichten. Legen Sie auf Ihrem Rechner einen Ordner (z. B. „Fotoarchiv") an. Schieben Sie in diesen sämtliche Fotos, die Sie finden. Das funktioniert, indem Sie auf dem jeweiligen Laufwerk gezielt nach Dateiformaten wie .jpg, .tiff, .png und .eps suchen.

SCHRITT 2: Bilder aussortieren

Jetzt beginnt das ausgiebige und zeitintensive Begutachten, Löschen und Einordnen. Seien Sie dabei nicht zu zögerlich! Löschen Sie alles, was von schlechter Qualität, mehrfach vorhanden oder lapidar ist. Mit diesem Befreiungsschlag verkleinern Sie Ihre Sammlung auf eine überschaubare Größe, mir der Sie gut weiter arbeiten können.

SCHRITT 3: Nach Jahren ordnen

Im nächsten Schritt legen Sie Unterordner an und beginnen, Ihre digitale Fotosammlung nach Jahreszahlen zu ordnen. Innerhalb jedes Jahres nehmen Sie anschließend eine Feinsortierung vor. Dazu unterteilen Sie jedes Jahr in zwölf Monatsordner und/oder konkrete Ereignisse wie Urlaube, Feste etc. und ordnen die jeweiligen Fotos zu.

ALTERNATIVE: Ordnen lassen per Software

Alternativ können Sie Ihre Fotos durch Software verwalten lassen, zum Beispiel Adobe Lightroom, Google Picasa, Apple Fotos, Magix Photomanager oder jAlbum. Einige Programme nutzen intelligente Algorithmen zum Sortieren, Katalogisieren oder Auffinden doppelter sowie misslungener Fotos.

Interessant sind auch cloudbasierte Angebote wie etwa Google Fotos und Apple iCloud, die Ihre Fotos vom PC mit denen auf Ihren mobilen Geräten vereinen und zum Teil sogar automatisiert in Alben einsortieren. Mit Cloud-Diensten können Sie von jedem Ort der Welt auf Ihre Fotosammlung zugreifen. Parallel erfolgt eine Synchronisation mit Ihrem stationären Computer zu Hause, sodass die Bilder nicht ausschließlich auf Servern liegen.

SCHRITT 4: Fotos speichern

Ist das Sortieren abgeschlossen, sollten Sie Ihre Bilder dauerhaft und sicher speichern. Sie haben zahlreiche Möglichkeiten:

Lokale Backups: Kopieren Sie von Zeit zu Zeit alle Daten von der SD-Karte oder dem Smartphone-Speicher auf Ihren Rechner. So sorgen Sie dafür, dass Ihre Bilder auch dann griffbereit sind, wenn Aufnahmegerät oder Speicherkarte kaputtgehen. Verlassen Sie sich jedoch nicht ausschließlich auf diese Methode.

Backup per NAS: Eine perfekte Ergänzung zur Speicherung auf dem PC bieten NAS-Systeme. Diese Festplatten im Netzwerk eignen sich hervorragend dazu, große Datenmengen zu speichern. In einem NAS-Gehäuse befinden sich mindestens zwei Festplatten. Das NAS kopiert alle gespeicherten Daten permanent hin und her („Spiegelung"). Fällt eine der Platten durch einen Hardwarefehler aus, können Sie sie austauschen, ohne Daten zu verlieren.

Cloud-Speicher: Fotos zu Hause zu sichern, ist richtig und wichtig. Um lieb gewonnene Erinnerungen langfristig zu schützen, empfiehlt sich jedoch eine Sicherung in der Cloud. Der Grund ist simpel: Durch einen Wasserschaden oder einen Einbruch können heimische Backups schnell das Zeitliche segnen. Ein sogenanntes „Offsite-Backup", also die Sicherung wichtiger Daten außerhalb der eigenen vier Wände, beugt diesem Risiko vor.

Wer seine Fotos ungern in die Händen von US-Konzernen mit ihren laxen Datenschutzbestimmungen gibt, kann auch zu europäischen Lösungen greifen. In unserer Untersuchung von elf Cloud-Speicherdiensten schnitt der Anbieter Web.de Freemail Online-Speicher am besten ab, dicht gefolgt von Telekom Magentacloud (test 5/2019). Sie bieten gratis zwei bzw. zehn GB Speicherplatz an – für ca. 10 Euro im Monat erweiterbar auf 1 TB.

Backup vom Backup: Redundanz ist Trumpf! Verlassen Sie sich nicht auf einen einzelnen Ort für Ihre Fotoarchive, sondern sichern Sie sie mindestens doppelt. Selbst, wenn Sie nur lokale Kopien anlegen – verwenden Sie zumindest mehrere USB-Sticks oder externe Festplatten im Wechsel.

SCHRITT 5: Meisterwerke zeigen

Jetzt, wo Ihre Fotos sortiert und gesichert sind, lassen Sie sie nicht ungenutzt auf Datenspeichern liegen. Drucken Sie besonders schöne Bilder aus, und gestalten Sie daraus einen Kalender, ein gedrucktes Fotoalbum oder ein Fotobuch zum Verschenken. Manche Aufnahmen lassen sich auch auf Leinwand drucken und bilden, auf einen Keilrahmen gezogen, einen attraktiven Wandschmuck im Wohn- oder Schlafzimmer oder in der Küche. Dabei gilt das Motto: Kunst ist Auswahl. In praktisch jeder Bildersammlung schlummern Meisterwerke – man muss sie nur sehen!

Digitale Ordnung
Wer sein Smartphone aufräumt, wird mit einem besseren Überblick belohnt. Apps lassen sich per Drag & Drop von einer Bildschirmseite auf eine andere ziehen.

AUFGERÄUMTES SMARTPHONE

Mit der Zeit haben sich auf Ihrem Smartphone massenhaft Daten angesammelt. Spätestens, wenn der Speicher zu klein ist, um das Betriebssystem zu aktualisieren, sollten Sie Ordnung schaffen. Beim smarten Großreinemachen können Sie sinnvollerweise auch gleich Ihre Übersicht updaten.

1 **Backup:** Bevor Sie starten, sichern Sie Ihre Daten auf dem Rechner, online in der Cloud oder auf einem Netzwerkspeicher („Network Attached Storage", kurz: NAS). Dieser verfügt über mehrere Festplatten. Fällt eine davon aus, sind Ihre Daten dennoch vorhanden.

2 **Fotos & Videos:** Jetzt geht es ans Aufräumen. Spezielle Apps helfen Ihnen, kleine Clips, Witzbildchen und Dubletten zu finden und zu löschen, um Speicherplatz freizugeben. Kopieren Sie etwa nach Urlauben regelmäßig schöne Handyfotos zu den Fotos von der Digitalkamera in einen speziellen PC-Ordner (z. B. „Italien 2023"). Videos sind Speicherfresser: Lagern Sie möglichst nicht alle auf dem Smartphone.

3 **Musik:** Gehen Sie genauso bei Ihrer Musik vor. Speicherplatz sparen Sie durch Streamingdienste und Webradio.

4 **Downloads:** Archivieren Sie noch benötigte heruntergeladene Dateien auf dem PC, Ihrem NAS oder in der Cloud. Löschen Sie den Rest.

5 **Apps:** Löschen Sie Apps, die Sie drei Monate oder länger nicht benutzt haben. Bei Bedarf können Sie sie kostenlos erneut aus dem App Store oder Play Store laden.

6 **Sortieren:** Ordnen Sie Ihre Apps auf dem Startbildschirm wie folgt: Auf Seite eins platzieren Sie häufig gebrauchte Apps – die wichtigsten davon in Erreichbarkeit Ihrer Daumen – so können Sie schneller navigieren. Auf Seite zwei gehören ab und zu benutzte Apps, die Sie in Ordnern zusammenfassen können, zum Beispiel News, Gesundheit, Spiele, Musik, Shops etc. Auf der dritten Seite legen Sie auf dem iPhone Ordner mit Apps ab, die Sie selten nutzen, aber nicht löschen wollen – oder können, weil das System es nicht zulässt. Bei Android können solche Apps im App Drawer bleiben.

7 **Benachrichtigungen:** Brauchen Sie Töne, oder Kennzeichensymbole, wenn Nachrichten eintreffen? Deaktivieren Sie in den Einstellungen alle Notifications bzw. Benachrichtigungen, die Sie nicht unbedingt benötigen.

NÜTZLICHE APPS

Wer sein Leben besser strukturieren, Pflichten pünktlich nachkommen –, kurz: seine Zeit sinnvoll nutzen will, muss Aufgaben, Termine & Co. nicht zwingend mit dem Stift in Kalender oder Notizbuch schreiben. Längst gibt es smarte Alltagshelfer auch als Apps für Smartphone, Tablet oder Rechner.

Bevor Sie sich nach dem Prinzip „Versuch und Irrtum" durch das riesige Angebot an Gratis- und Bezahl-Apps wühlen müssen, finden Sie hier – nach Kategorien geordnet – eine unvollständige Liste mit Empfehlungen, die Ihnen das Leben definitiv erleichtern werden.

Selbstorganisation

Empfehlungen: To-do-Apps wie Microsoft To Do, Google Tasks, Remember the Milk, Todoist und Evernote eignen sich zum Beispiel, um Einkaufslisten zu erstellen und mit Ihrer Familie zu teilen – oder auch, um Ihren Urlaub zu planen. Mit ihnen funktioniert auch das Sammeln von Dokumenten, Bildern, handschriftlichen Notizen und Audio-Dateien.

Extra-Tipp: Apps wie XMind, Mindly oder etwa auch miMind helfen Ihnen, Ihre Gedanken schnell zu strukturieren, Ideen zu sammeln und grafisch ansprechend aufzubereiten. So ist spontanes Brainstorming ebenso möglich wie eine ausgeklügelte Projektplanung. Sie können Einträge mit Notizen, Bildern oder Symbolen ergänzen und zur besseren Übersicht Farbschemata benutzen.

Ordnung und Haushalt

Empfehlungen: Apps wie Nipto oder Chores 4 Rewards motivieren Kinder mit Hilfe von Punkten und Belohnungen, Aufgaben im Haushalt zu übernehmen. Achten Sie jedoch auf eventuelle InApp-Käufe. Die App OurHome hilft bei der Strukturierung und Verteilung von Aufgaben. Diese lassen sich bestimmten Räumen, Kategorien oder Familienmitgliedern zuweisen und flexibel timen. Pro Minute getaner Arbeit gibt es in der Standardeinstellung einen Punkt, für zehn Minuten Zimmer aufräumen also zehn Punkte. Bei entsprechenden Belohnungen für Kinder ein unschlagbares Argument.

Extra-Tipp: Die App Quick Peek (nur für iOS erhältlich) erlaubt schnelle Blicke in Kisten. Scannen Sie den dazugehörigen kostenpflichtigen Code zum Aufkleben und sehen Sie sofort, was drin ist.

Finanzen und Einkauf

Empfehlungen: Money-Control, Geld-Manager oder Mein Budget bietet die einfache Erfassung von Einnahmen und Ausgabe. Mit Our Groceries vergessen Sie nie wieder Ihren Einkaufszettel. Auch Doppelkäufe sind passé, da sich Einkaufslisten automatisch mit den anderen Smartphones in der Familie synchronisieren lassen. Barcoo, Codecheck und ToxFox sind Apps, die Strichcodes als QR-Codes auf Verpackungen lesen können und daraufhin umfassende Produktinformationen sowie Testergebnisse und Bewertungen anzeigen.

Extra-Tipp: Mit Nestbau – Giftfrei einkaufen lassen sich weitgehend schadstofffreie Produkte finden. Die App enthält Informationen zu hormonwirksamen Stoffen, die sich in Lebensmitteln, deren Verpackungen, Kosmetika, Textilien oder Kinderspielzeug finden können.

Umweltbewusstsein

Empfehlungen: Apps wie Nabu Siegel-Check verraten Ihnen, welche Organisationen hinter bestimmten Labels und Gütezeichen verbergen, welche Anforderungen Produkte dafür erfüllen müssen und wie verlässlich die Kennzeichnungen sind. Mit HappyCow finden Sie vegetarische und vegane Restaurants in Ihrer Umgebung.

Extra-Tipp: Die RegioApp verrät Ihnen, wo Sie Lebensmittel für den täglichen Bedarf bekommen, die in Ihrer Region angebaut und verarbeitet werden. Wann haben diese Geschäfte geöffnet? Wer baut das Gemüse an und wie werden die Tiere gehalten, deren Fleisch der Metzger zum Verkauf anbietet? Diese App ermöglichst eine schnelle und umfangreiche Suche.

Nachhaltigkeit

Empfehlungen: Apps wie My Little Plastic Footprint oder ReplacePlastic sollen helfen, den eigenen ökologischen Fußabdruck zu verringern, indem man sich bewusst wird,wie viel Plastik man eigentlich tagtäglich verwendet.

Extra-Tipp: Auf der Webseite www.treeday.net könnenSie Ihren Standort eingeben – Die Seite zeigt Ihnen dann die nachhaltigsten Unternehmen in Ihrer Nähe an. Sortiert ist das Ganze nach Themen wie Essen & Trinken, Lebensmittel, Urlaub & Reisen, Mode & Lifestyle, Bauen & Renovieren, Mobilität, Office & Services, Gesundheit & Wellness, Haus & Garten sowie Kinder. Die App GrünZeit zeigt Ihnen, welches Gemüse gerade Saison bei uns hat. Geschäfte, die fair und ökologisch produzierte Mode verkaufen, finden Sie mit Apps wie Fair Fashion Finder oder Vairnana.

AB HEUTE NACHHALTIG!

Vor einigen Jahren warb ein Hersteller von Outdoor-Kleidung in einer ganzseitigen Anzeige in der New York Times mit dem Foto einer Jacke und dem Slogan: „Don't buy this jacket!" Der dazugehörige Text rief dazu auf, sich über die Folgen sinnlosen Konsums klar zu werden und künftig nur noch das zu kaufen, was man benötigt – ein Plädoyer für das Reparieren, Weitergeben und Recyceln getragener Kleidungsstücke.

Doch kann nachhaltiger Konsum wirklich funktionieren? Die Antwort lautet: Ja. Der Begriff Nachhaltigkeit zielt darauf ab, ökologisch und sozial verantwortungsvoll mit Ressourcen umzugehen. Das wiederum setzt voraus, dass sich immer mehr Menschen vom Konsumwahn und dem Streben nach mehr Besitz verabschieden.

TIPP 1: Vernünftig konsumieren

Wir wissen, dass die T-Shirts, die wir im Dreierpack für 8,99 Euro kaufen, unter erbärmlichen Bedingungen hergestellt wurden. Wir wissen, wie Mitarbeiter von Online-Versandhäusern behandelt werden. Wir wissen, dass riesige Mengen Plastikmüll die Weltmeere verschmutzen. Warum handeln wir nicht? So schwer ist das gar nicht.

Viel wäre gewonnen, würden wir beim Kauf von Kleidung, Unterhaltungselektronik und Spielzeug, aber auch Lebensmitteln konsequenter auf Produktqualität und Nachhaltigkeitssiegel achten und nicht nur auf den Preis schielen. Was wir allzu gern verdrängen: Unser Konsum beeinflusst Produktionsbedingungen und Ressourcenverbrauch. Die Devise lautet also: Bewusst einkaufen. Qualität statt Masse wählen. Reparieren statt wegwerfen.

Praxis-Tipp: Fragen Sie sich: Brauche ich wirklich alle zwei Jahre das neueste Smartphone? Muss ich die zwanzigste Jeans kaufen, nur weil sie billig ist? Auch für die Herstellung dieser Jeans sind 10 000 Liter Wasser erforderlich. Grundsätzlich gilt: Je länger wir etwas benutzen, desto besser dessen CO_2-Bilanz.

TIPP 2: Müll vermeiden

Jeder Deutsche produzierte 2017 unfassbare 462 Kilogramm Haushaltsabfall. Wenn wir nicht wollen, dass in den Weltmeeren bald mehr Plastik als Fische schwimmen, müssen wir runter von dieser Zahl. Einkaufen mit einer bereits vorhandenen Tasche, einem Beutel oder Rucksack spart Plastik- und Papiertüten – das weiß inzwischen jeder. Doch wie steht es mit dem Kauf wiederbefüllbarer Kaffeekapseln? Was spricht gegen wiederverwendbare Kaffee-to-go-Becher und was gegen einen Testeinkauf in einem Unverpackt-Laden?

TIPP 3: Weniger Fleisch essen

Allein durch seine Ernährung verursacht jeder von uns fast 1,5 Tonnen CO_2 pro Jahr. Das klimaschädliche Treibhausgas stammt vor allem aus der Massentierhaltung. Um ein Kilogramm Rindfleisch zu erzeugen, benötigt man ca. 15 500 Liter Wasser. Und: Um Flächen für den Anbau von Futtermitteln zu gewinnen, wird Regenwald abgeholzt. Eine nachhaltige Ernährung ist daher fleischlos oder zumindest fleischarm.

Praxis-Tipp: Sie wollen nachhaltiger leben, aber auf Fleisch nicht verzichten? Beschränken Sie Ihren Konsum auf ein- bis zweimal pro Woche. Verwenden Sie hochwertiges Fleisch – am besten regional und bio.

TIPP 4: Lebensmittel bewusst kaufen

Viele von uns kaufen bedenkenlos Lebensmittel, die längere Flugreisen unternehmen als sie selbst: Papayas aus Thailand, Avocados aus Peru, Kiwis aus Neuseeland. Nordseekrabben werden zum Schälen nach Nordafrika und zurück geflogen, bevor sie verkauft werden. Verzichten Sie auf den Kauf mundgerecht portionierter Früchte, einzeln in Plastik verschweißter Tortenstückchen und in Alubehälter gefüllte Schweinerouladen. Je aufwendiger verarbeitet und verpackt ein Lebensmittel ist, desto mehr Ressourcen sind für die Herstellung nötig.

Praxis-Tipps: Kaufen Sie regional und saisonal – möglichst auf Wochenmärkten und in Bioläden. Vermeiden Sie Fertigprodukte. Essen Sie Frisches und Unverarbeitetes. Ihre Gesundheit wird es Ihnen danken.

TIPP 5: Ökostrom wählen

Anbieter wie Lichtblick, Polarstern, Naturstrom und Greenpeace Energy bieten klimafreundlich erzeugten Strom. Vor der Tarifwahl gilt es, auf test.de, verivox.de und check24.de das Angebot zu prüfen und Wert auf ein strenges Siegel zu legen, zum Beispiel das Ok-Power-Label oder das Grüner-Strom-Label. Diese Label garantieren, dass durch die Tarifwahl der Ausbau erneuerbarer Energien vorangetrieben wird.

Praxis-Tipp: Wer noch im Grundtarif seines örtlichen Versorgers steckt, kann mit dem Wechsel zu einem Ökostromtarif oft sogar Geld sparen.

TIPP 6: Öffis statt Auto

Rund 20 Prozent aller CO_2-Emissionen in Deutschland verursacht der Autoverkehr. Alternative Fortbewegungsmittel schonen die Umwelt. Fahren Sie deshalb wann immer möglich mit Bussen, Bahnen und dem Fahrrad – oder gehen sie zu Fuß.

TIPP 7: Vernetzung und politisches Engagement

Umgeben Sie sich mit Gleichgesinnten, von denen Sie lernen können, zum Beispiel in Repair Cafés oder Kursen für Urban Gardening. Engagieren Sie sich in Umweltverbänden, Parteien oder Bürgerforen. Teilen Sie Ihr Wissen und Ihre Erfahrungen, und inspirieren Sie andere. Nachhaltigkeit in den Alltag zu integrieren ist gar nicht so kompliziert – sobald man einmal damit anfängt.

DIGITAL ORDNUNG SCHAFFEN

Neben Fotosammlung und Smartphone gibt es im digitalen Bereich jede Menge weitere Bereiche, in denen bei vielen Menschen große Unordnung herrscht. Durchdachte Aufräumaktionen könnten hier für mehr Überblick und innere Ruhe sorgen. Denken Sie nur an den Wust an Internet-Passwörtern oder die Lesezeichen, die Sie auf verschiedenen Geräten im Internet-Browser gesetzt haben, um Seiten wiederzufinden. Haben Sie schon mal daran gedacht, diesen Daten-Dschungel zu lichten?

1. Passwörter clever managen

Beim Eingeben eines neuen Passwortes fragen Internet-Browser wie Mozilla Firefox und Google Chrome, ob sie sich dieses merken und künftig automatisch einsetzen sollen. Wirklich sicher ist ein Klick auf „Speichern" nicht, denn sämtliche Passwörter sind dann in den Browser-Einstellungen gespeichert und für andere ohne große Mühe zu finden. Auch das oft angebotene Einloggen auf Webseiten mit den Zugangsdaten für Facebook oder Google ist nicht jedermanns Sache, lagern dort doch persönlichste Daten und E-Mails. Ein Passwort für mehrere Logins ist nicht empfehlenswert. Wer ganz sicher gehen will, nutzt einen Passwortmanager. Solche Programme erzeugen schwer zu knackende Passwörter und speichern diese in einer verschlüsselten Datei, die sich mittels eines „Master-Passworts" öffnen lässt. Nutzer müssen sich nur noch dieses eine Passwort merken. Verwenden Sie dafür einen komplexen Zeichenmix und Wörter, die nicht im Wörterbuch stehen: Statt „Murmeltier-Lakritze" schreiben Sie bspw. „mURm3l-tiEr_L@KriTz3".

Extra-Tipp: In unserer Untersuchung von 16 Passwort-Managern teilen sich die Programme 1Password (38 Euro pro Jahr) und Dashline (53 Euro pro Jahr) den ersten Platz. Bitwarden ist mit jährlich rund 9 Euro der günstigste Gute (test 7/2022).

2. Lesezeichen synchronisieren

Mit allen gängigen Browsern lassen sich Webseiten als schnell aufrufbare Lesezeichen bzw. Favoriten oder Bookmarks sichern. Die Links werden jedoch nur lokal auf dem PC gespeichert – auf Reisen oder am Arbeitsplatz sind sie nicht verfügbar. Über ein Konto bei Firefox oder Google Chrome können Sie alles geräteübergreifend synchronisieren.

Drittprogramme (Browser-Addons genannt) können Ihnen Ihre Lesezeichen sogar Browser-übergreifend und unabhängig vom Betriebssystem des jeweiligen Rechners oder Smartphones zur Verfügung stellen.

Extra-Tipp: Addons wie Linkman oder Bookmark Manager lassen sich in Browsern wie Google Chrome, Mozilla Firefox und Opera integrieren und ermöglichen einen schnellen und komfortablen Zugriff auch auf größere Link-Sammlungen. Nutzer, die auf verschiedenen Geräten denselben Browser verwenden, können dessen eigene Synchronisierungsfunktion nutzen.

3. Verträge online verwalten

Wer seine Verträge – zum Beispiel für Strom, Mobilfunk, Versicherungen, aber auch Online-Streamingdienste – über die Jahre einfach laufen lässt, verliert schnell den Überblick – zum Beispiel über den nächsten Kündigungstermin. Wer pünktlich aussteigen will, sollte stets up to date sein.

Dabei helfen Kündigungsdienste aus dem Internet wie aboalarm.de, volders.de und contractix.de. Deren Angebote lassen sich per Desktop-Rechner oder als App für mobile Geräte bedienen. Sie informieren auf einen Blick über Tarife und Laufzeiten und erinnern einen per E-Mail oder SMS an Kündigungstermine. Bei einigen Anbietern müssen Nutzer ihre Kündigung nicht einmal selbst formulieren, sondern können sich Schreiben automatisch erstellen und oft sogar verschicken lassen.

4. Medien katalogisieren

Ob Sachbücher, Romane, Lexika oder Zeitschriften, ob gedruckt oder digital – je größer die Bibliothek, desto schneller geht der Überblick verloren. Mit Hilfe des heimischen Rechners und einer geeigneten Archivierungssoftware lässt er sich zurückgewinnen. Mit Programmen wie JabRef, WinLiMan und Bucharchiv können Nutzer ihren Bestand erschließen und übersichtlich verwalten: Jedes Medium lässt sich digital erfassen und um eigene Einträge ergänzen.

Extra-Tipp: Vergleichbare Programme gibt es auch für umfangreiche Musik- und Filmsammlungen. Für digitale Musik eignet sich zum Beispiel die Gratis-Software MediaMonkey. Sie verwaltet Songs und Alben, ergänzt fehlende Informationen und brennt CDs. Für Filme sind Gratis-Programme wie EMDB, MyMDb-CE oder Personal Video Database geeignet.

5. Ordnung auf dem Rechner

Haben Sie Papierstapel, überquellende Ablagen und herumliegende Haftnotizen von Ihrem Schreibtisch verbannt, widmen Sie sich Ihrem Rechner. Oft hat sich das Chaos auf dessen Festplatte verlagert – in Gestalt unlogischer oder parallel existierender Ordnerstrukturen, unverständlicher Dateinamen und durcheinander gewürfelter Dateitypen. Was gehört in den Ordner „Eigene Dateien"? Wo speichern Sie Ihre Downloads? Klären Sie solche Fragen und gehen Sie dann wie folgt vor: Machen Sie eine Sicherungskopie Ihrer eigenen Dateien und legen Sie eine neue Ordnerstruktur dafür an. Zeigen Sie in einem Fenster den Strukturbaum an (z. B. im Windows Explorer). Öffnen Sie in einem zweiten Fenster nacheinander alle (Unter-)Ordner. Ziehen Sie jede Datei an ihren neuen Speicherort – und löschen Sie den Rest.

Entspannt genießen
Um den Weg zur individuellen Ordnung weitergehen zu können, ist es unerlässlich, ab und zu einen Gang zurückzuschalten und sich über Geschafftes zu freuen.

INNEHALTEN, STOLZ SPÜREN, SICH BELOHNEN

Während Sie an Ihrer Schönsten Ordnung arbeiten, vergessen Sie nicht, zwischendurch innezuhalten und auf das zu schauen, was Sie bereits erreicht haben.

Seien Sie stolz auf sich und machen Sie sich bewusst, wie viel Sie bereits erreicht haben. Das gibt Ihnen Kraft und Ausdauer für das, was noch vor Ihren liegt.

Belohnen Sie sich zwischendurch mit einem Restaurantbesuch, einem Abend mit Freunden, einem Ausflug oder anderen Unternehmungen, die Ihnen Freude bereiten.

Bleiben Sie auch künftig dran. Neue Alltagsroutinen, ein verändertes Konsumverhalten und der Anblick Ihrer Wohnung helfen Ihnen.

Seien Sie wachsam und schauen Sie nicht weg, wenn sich irgendwo wieder etwas ansammelt und sich kleine Chaosecken bilden.

Planen Sie jetzt schon ein, künftig ein- bis zweimal im Jahr auszumisten, und verankern Sie diese Termine fest in Ihrem Kalender.

Resignieren Sie nicht, wenn Sie feststellen, dass Sie in alte Handlungsmuster zurückfallen. Haben Sie Geduld mit sich: **Jahrzehntelange Gewohnheiten lassen sich nicht innerhalb von Tagen oder Wochen in neue Routinen verwandeln.** Verzeihen Sie sich Rückfälle und lassen Sie sich nicht entmutigen!

Geben Sie Ihren neuen Aufräumgewohnheiten eine Chance, sich zu festigen. Haben Sie 21 Tagen durchgehalten, stehen die Chancen gut, dass Ihr Gehirn das neue Verhalten gelernt hat und als Routine etabliert.

Geraten Sie in eine Aufräumkrise, nutzen Sie das Instrument der Visualisierung: Stellen Sie sich Ihre komplett aufgeräumte Wohnung vor. **Alles ist übersichtlich, sauber und schön. Jeden Gegenstand, den Sie suchen, finden Sie mühelos und nichts übt mehr Druck auf Sie aus.** Ist das nicht Grund genug, mit dem Aussortieren und Neuordnen weiterzumachen?

Achten Sie auf Ihre individuellen Ordnungsbedürfnisse und versuchen Sie nicht, Konzepte zu erfüllen, die nicht zu Ihnen passen.

Lassen Sie sich bei Ihrer Schönsten Ordnung nicht beeinflussen von dem, was andere für richtig halten – weder was Ihren Weg und Ihr Ziel angeht noch was Ihren gesteckten Zeitramen betrifft. Vertrauen Sie auf Ihre eigene Intuition und spüren Sie, was Ihnen beim Thema Ordnung gut tut.

SO BLEIBT ES NEBENBEI ORDENTLICH

Jetzt, wo Sie alles aussortiert und neu geordnet haben, fragen Sie sich bestimmt, wie Sie Ihre Ordnung aufrechterhalten können, ohne in alte Muster zurückzufallen.

Gehen Sie es realistisch an: Ordnung ist ein Prozess – kein Zustand. Deshalb verabreden Sie sich weiterhin mit sich selbst und lassen Sie die Schönste Ordnung zu einem festen Bestandteil Ihres Alltags werden.

Investieren Sie einmal täglich 10 bis 15 Minuten, um Herumliegendes aufzuräumen, ein- bis zweimal wöchentlich ein bis zwei Stunden, um den Posteingang zu bearbeiten, Wäsche zu waschen und Ihre Transferkiste zu leeren. Und zweimal jährlich einen Tag, um auszumisten.

Posteingang

Ihre Strategie: Sortieren Sie Ihre Post, sobald sie da ist. Leeren Sie Ihren Briefkasten jeden Tag. Legen Sie Ihre Post auf keinen Fall für später auf irgendeinen Stapel in der Küche: So gehen wichtige Sachen garantiert verloren, und der Stapel wird immer größer, bis er für Sie zur Belastung wird. Die einfachste Ordnungsstrategie: Zuerst landet ungewollte Werbung im Müll, dann öffnen Sie sämtliche Umschläge und entsorgen sie. Anschließend sortieren Sie die Post in Ihre drei Ablagekörbe ein (siehe S. 149).

Extra-Tipp: Achten Sie darauf, dass sich in Ihren Ablagekörben kein „Bodensatz" bildet, sondern das Sie diese tatsächlich regelmäßig komplett leeren.

Kleidung

Ihre Strategie: Wenn Sie sich abends aus- oder tagsüber umziehen, vermeiden Sie Kleiderstapel! Wo etwas liegt, kommt schnell etwas anderes hinzu. Werfen Sie schmutzige Kleidung gleich in die Wäsche und hängen Sie den Rest zurück in den Schrank oder zum Lüften auf Balkon, Terrasse oder an den Klapphaken. Sportkleidung geben Sie nach einem Mal in die Wäsche. Die Sporttasche mit Sachen, die Sie nochmals tragen wollen, verstauen Sie am vorgesehen Platz: im Schrank, in der Flurtruhe oder in der Abstellkammer

Extra-Tipp: Verschwitzte Wäsche lassen Sie erst trocknen, bevor Sie sie in den Wäschebehälter werfen – sonst müffelt es.

Küche

Ihre Strategie: Verstauen Sie eingekaufte Lebensmittel sofort in Kühl- und Vorratsschrank. Räumen Sie nach den Mahlzeiten den Tisch ab und die Küche auf. Versuchen Sie schon beim Kochen oder Vorbereiten, das meiste wegzuräumen: nicht benötigte Lebensmittel in den Kühlschrank, schmutziges Geschirr in die Spülmaschine etc. Dann geht es nach dem Essen umso schneller. Ist alles weggeräumt, wischen Sie – oder ein Familienmitglied – die Arbeitsflächen ab und säubern die Spüle.

Extra-Tipp: Wechseln Sie Geschirrtücher, Lappen und Schwämme regelmäßig – das reduziert die Keimbelastung.

Schreibtisch

Ihre Strategie: Nehmen Sie sich mindestens einmal wöchentlich Zeit, um Papierkram zu erledigen. Am besten verankern Sie diesen Termin regelmäßig in Ihrem Kalender. Leeren Sie Ihren Posteingang, überweisen Sie Rechnungen, heften Sie Unterlagen ab, schreiben Sie Mails, aktualisieren Sie Ihre To-do-Liste, erledigen Sie Anrufe, übertragen Sie die Daten von Visitenkarten in den Adressordner Ihres Mobiltelefons, bereiten Sie Rücksendungen vor etc.

Extra-Tipp: Entsorgen Sie unwillkommene Werbung, alte Zeitschriften, unwichtige Briefe, misslungene Ausdrucke oder nicht mehr benötigte Notizen konsequent im Papiermüll.

Routinen

Ihre Strategie: Nehmen Sie sich morgens oder abends Zeit, um Sachen an ihren Platz zu räumen: die Schuhe in den Schuhschrank, den Schraubenzieher in die Werkzeugkiste, die Zahnbürste in den Schrank etc. Hat jedes Ding seine Heimat, geht das Wegräumen viel schneller. Putzen Sie – oder ein anderes Familienmitglied – einmal wöchentlich Böden, Oberflächen und das Bad sowie zweimal jährlich die Fenster. Leeren Sie regelmäßig Ihre Transfer-Kiste mit Sachen, die Sie zurückgeben oder reparieren lassen wollen.

Extra-Tipp: Schauen Sie morgens nach, was Sie an Müll und Altglas gleich mit hinausnehmen können.

Sie wollen mehr über das Thema Nachhaltigkeit erfahren, sich vom Tischler ein Regal bauen lassen oder aussortierte Bücher verkaufen? Auf den nächsten Seiten finden Sie Adressen nützlicher Webseiten. Mit Hilfe des Stichwortverzeichnisses können Sie gezielt auf bestimmte Aspekte des Buches zugreifen.

SERVICE

RAT UND HILFE PER MAUSKLICK

www.test.de
Ob Matratze oder Energiesparlampe, ob Geschirrspül-Tabs oder Basmatireis – auf der Website der Stiftung Warentest finden Sie viele aktuelle Tests aus den Bereichen Haushalt und Garten – und können diese gegen eine kleine Gebühr als PDF-Dateien auf Ihren Rechner herunterladen. Für die wichtigsten Haushaltsgeräte wie Waschmaschine, Staubsauger und Geschirrspüler gibt es Produktfinder. Diese fortlaufend aktualisierten Datenbanken bieten Testergebnisse, Preise, Fotos und Ausstattungsmerkmale für alle aktuell getesteten und noch erhältlichen Modelle. Diese lassen sich anhand bestimmter Kriterien gezielt vergleichen. Darüber hinaus sind auf der Webseite zahlreiche Tipps aus allen Bereichen des Haushalts verfügbar – von Tipps zum Haltbarmachen von Lebensmitteln bis zu Hinweisen zu geeigneten LED-Lampen für unterschiedliche Leuchtentypen.

www.verbraucherzentrale.de
Auf dem Internetportal der Verbraucherzentralen finden Interessenten kostenlose Informationen unter anderem zu den Themen Geld und Versicherungen, Energie, Umwelt und Digitales. Wer sich von einem Experten kostenpflichtig persönlich oder telefonisch beraten lassen möchte, kann sich auf die Seite der nächstgelegenen Verbraucherzentrale durchklicken und sich Sprechzeiten, Rufnummern und Preise anzeigen lassen sowie einen Termin vereinbaren.

www.umweltbundesamt.de
Das Umweltbundesamt (UBA) informiert auf seiner Website unter anderem zu den Themenbereichen Klima/Energie, Abfall/Ressourcen und Wirtschaft/Konsum. Unter dem Menüpunkt „Tipps" bietet das UBA zahlreiche Tipps zum nachhaltigen Wirtschaften an – zum Beispiel in den Bereichen Elektrogeräte, Essen und Trinken, Garten und Freizeit sowie Haushalt und Wohnen. Im Menü „Daten" lassen sich aktuelle Zahlen zum Konsum und zur Klimabilanz privater Haushalte in Deutschland abrufen. Mit dem CO_2-Rechner können User ihren ökologischen Fußabdruck selbst ermitteln.

www.bfs.de
Die Website des Bundesamtes für Strahlenschutz (BfS) liefert beispielsweise Informationen zu elektromagnetischen Feldern im Haushalt, wie sie unter anderem Smartphones, Schnurlostelefone (DECT-Technologie), WLAN-Router, aber auch herkömmliche Stromleitungen erzeugen. Zugleich bekommen Leser Tipps, wie gefährlich welche Strahlung ist und wie man sich vor ihr schützen kann, zum Beispiel durch das Ändern des eigenen Telefonierverhaltens.

www.bfr.bund.de
Unter dem Motto „Risiken erkennen – Gesundheit schützen" widmet sich das Bundesamt für Risikobewertung (BfR) dem Verbraucherschutz in den Bereichen Gesundheit und Lebensmittelsicherheit. Das Online-Angebot des BfR umfasst zum Beispiel Informationen zur Bewertung mikrobieller Risiken von Lebensmitteln, aber auch zur Produktsicherheit von Waschmaschinen und Textilien.

www.label-online.de
Die Website liefert Verbrauchern einen guten Überblick über mehr als 1 000 Labels, Siegel und Gütezeichen, mit denen Produkte, Dienstleistungen und Internetangebote gekennzeichnet sind. Anhand von Bewertungen und Hintergrundinformationen können Nutzer schnell erfassen, welches Konzept hinter welchem Label steckt und welche Qualität dahintersteht. Für die schnelle Orientierung unterwegs gibt es den Service auch als App. Träger von www.label-online.de ist die Ver-

braucherinitiative e. V., der Bundesverband kritischer Verbraucherinnen und Verbraucher.

www.nebenan.de
Online-Community, mit deren Hilfe sich Nachbarn virtuell vernetzen können. Wer seine Postleitzahl eingibt, kann sich einem Netzwerk anschließen und selbst mit Nachbarn in Kontakt treten. Auf der Plattform lassen sich aussortierte Küchenmöbel genauso anbieten wie nach einem gebrauchten Regal einem Hundesitter oder einem Yogakurs suchen. Vergleichbare Anbieter sind nextdoor.de, lokal portal.de sowie nachbarschaft.net.

www.momox.de
Bücher, CDs und DVDs sowie Spiele und Kleidung lassen sich über Momox verkaufen. Beispiel Bücher: Wer gebrauchte Bücher verkaufen will, registriert sich und klickt auf „Verkaufen". Anschließend gibt man die ISBN-Nummern der aussortierten Bücher ein, woraufhin Momox einen Ankaufpreis anzeigt. Dieser liegt in den meisten Fällen unter einem Euro. Ab einem Gesamtwert von 10 Euro kann ein Verkauf abgeschlossen werden. Dann verpackt man die Bücher in einem Karton, druckt eine kostenlose Versandmarke aus und gibt das Paket beim jeweiligen Dienstleister (DHL oder Hermes) ab. Alternativ können Nutzer das Paket abholen lassen. Nach Prüfung des Inhalts überweist Momox das Geld aufs Konto.

www.das-sichere-haus.de
Die meisten Unfälle passieren in den eigenen vier Wänden – auch beim Um- und Aufräumen. Die Aktion „Das sichere Haus" bietet kostenlos umfangreiche Informationen zu Sicherheit und Gesundheit in Haushalt, unter anderem Heim und Freizeit. So lassen sich Broschüren zu den Themenbereichen Frühjahrsputz, Bandscheiben schonen und Brandschutz für zu Hause herunterladen.

www.kindersicherheit.de
Über Unfallrisiken für Kinder zu Hause und unterwegs informiert die Bundesarbeitsgemeinschaft Mehr Sicherheit für Kinder e. V. Im Netz präsentiert die Initiative Maßnahmen zur Vermeidung von Unfällen im Alltag mit Kind und gibt fachkundige Tipps zur Ersten Hilfe bei Verbrennungen, Verbrühungen, Stürzen etc. Im Shop auf der Website (Menüpunkt „Bestellservice") lassen sich Flyer, Broschüren und Bilderbücher bestellen oder kostenlos herunterladen.

www.myhammer.de
Wer professionelle Hilfe beim Renovieren, Möbelschleppen oder Aufräumen des eigenen Computers benötigt, kann auf der Website nach Handwerksprofis suchen – und erhält Angebote vom Einzelkämpfer bis zur Meisterfirma. Einfach anmelden, Gesuch einstellen und Bewerbungszeitraum sowie Preisvorstellung festlegen. Bereits bevor man eine Entscheidung trifft, lassen sich mit Bewerbern Details zur Vertragsabwicklung festlegen. Weitere Anbieter sind beispielsweise deinehelfer24.de und blauarbeit.de.

www.heimwerker.de
Bauen und Basteln im Haus und in der Wohnung – fast alles dazu finden Interessenten auf Do-it-yourself-Portalen wie heimwerker.de. Ob eigene Möbel bauen, Wände kreativ gestalten oder Ideen für die Flurdekoration – hier gibt es jede Menge Hintergrundwissen, Illustrationen sowie detaillierte Anleitungen in Texten und Bildern zu fast allen denkbaren Vorhaben. Weitere nützliche Heimwerkerportale sind selbst.de, diybook.de und renovieren.de.

www.wohindamit.org
Wer wissen möchte, wo er Sachspenden abgeben kann, findet auf dieser Website Anlaufstellen in seiner Nähe. Dazu anklicken, was man spenden will, anschließend die eigene Adresse oder den Ort eingeben – und einen geeigneten Empfänger auswählen. Alternativ funktioniert die Suche auch über eine Karte. Eine nach Orten geordnete Liste aller Einrichtungen rundet das Angebot ab.

STICHWORTVERZEICHNIS

F

G

H

J, K

L

4. Nachdruck 2023
© 2019 Stiftung Warentest, Berlin

Stiftung Warentest
Lützowplatz 11–13
10785 Berlin
Telefon 0 30/26 31–0
Fax 0 30/26 31–25 25
www.test.de
email@stiftung-warentest.de

USt-IdNr.: DE136725570

Vorstand: Hubertus Primus
Weitere Mitglieder der Geschäftsleitung:
Dr. Holger Brackemann, Julia Bönisch, Daniel Gläser

Alle veröffentlichten Beiträge sind urheberrechtlich geschützt. Die Reproduktion – ganz oder in Teilen – bedarf ungeachtet des Mediums der vorherigen schriftlichen Zustimmung des Verlags. Alle übrigen Rechte bleiben vorbehalten.

Programmleitung: Niclas Dewitz

Autorin: Gunda Borgeest

Projektleitung: Johannes Tretau, Merit Niemeitz
Lektorat: Christian Eigner, Berlin
Korrektorat: Jonas-Philipp Dallmann, Berlin
Titel, Art-Direktion, Layout, Satz: Büro Brendel, Berlin
Fotografie: Knut Koops, Berlin
Bildnachweis: Florian Brendel (Titel), 2, 3; gettyimages: 38, 133, 192; istock: 50, 94; shutterstock: 34, 42, 53, 64, 73, 82, 86, 90, 100, 104, 108–110, 116, 122, 129, 132, 133, 136, 138, 146, 158, 166, 170–172, 178, 180, 181, 201, 204, 212, 214, 215; thinkstock: 52, 53; Autorenfoto hintere Klappe: Constanze Wild, München
Produktion: Vera Göring, Anne-Katrin Körbi
Verlagsherstellung: Rita Brosius (Ltg.), Romy Alig, Susanne Beeh
Litho: tiff.any, Berlin
Druck: DCM Druck-Center Meckenheim GmbH

ISBN: 978-3-7471-0110-0

Wir haben für dieses Buch 100 % Recyclingpapier und mineralölfreie Druckfarben verwendet. Stiftung Warentest druckt ausschließlich in Deutschland, weil hier hohe Umweltstandards gelten und kurze Transportwege für geringe CO_2-Emissionen sorgen. Auch die Weiterverarbeitung erfolgt ausschließlich in Deutschland.